江 西 文 化 符 号 丛 书

编委会

编委会主任：郭建晖

编委会副主任：吴永明　黎隆武

编委成员：叶　青　吴信根　凌　卫　曹国庆　吴　涤
　　　　　周建森　吴长庚　张宏涛　周广明　邹锦良
　　　　　李梦星　赖功欧　余　悦　聂　冷　吴国富
　　　　　张德意　游道勤　刘　芳　梁　菁　方　姝

江西文化符号丛书

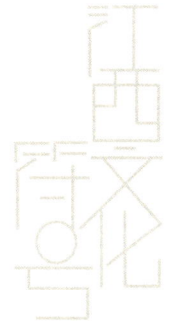

浔阳文化

XUNYANG
WENHUA

吴国富 / 著

江西人民出版社
江西美术出版社

江西·南昌

出版前言

江西"物华天宝""人杰地灵""雄州雾列,俊采星驰",是人文渊薮之地,文章节义之邦。

在历史的眷顾中,文明与智慧在这片古老而富饶的土地上激荡、交融、沉淀、升华,孕育了兼容并蓄、海纳百川、多元特质的江西文化,涌现出辉映史册的杰出人物,积淀了弥足珍贵的人文资源。在整个中华民族的文明史上,江西文化浓墨重彩、影响深远。宋明时期,全盛的江西文化更是成为中华民族文化的结晶和代表。新民主主义革命时期,江西是全国苏维埃运动的中心区域,成为中国革命胜利前进的伟大基地,红色文化璀璨辉煌。这些具有独特魅力的江西文化散发出馥郁的芬芳,蕴含着温润的力量,氤氲在历史的光阴中,汇聚在时代的大潮中,滋润着广袤的赣鄱大地,滋养着广大的江西儿女。

"文化是一个国家、一个民族的灵魂。"为了深入贯彻习近平新时代中国特色社会主义思想,特别是习近平总书记关于文化建设的重要论述,中共江西省委、省政府把文化强省作为重大战略,出台了《关于加快文化强省建设的实施意见》,明确提出到2025年,江西要建设成为在全国具有较大影响的文化强省。《江西文化符号丛书》的出版正是中共江西省委宣传部深入学习习近平新时代中国特色社会主义思想,贯彻落实党的二十大会议精神,推动文化强省建设的一项具体行动。

我们策划出版这套《江西文化符号丛书》的初衷,就是力图将江西符号与江西形象、文化自信和文化思考,一起熔冶进书中,通过底蕴深厚的文字与精美个性的画面,带领人们理解江西文化的内涵,感知江西文化的灵魂,借以给人们梳理出一个清晰的文化发展脉络,提供一个宽敞的文化游历空间,架构一座理解传统文化与先人智慧的桥梁,活化一种历史记忆和时代精神的生动传承。

《江西文化符号丛书》的出版是一项系统工程。丛书选取了相对立体的涵盖江西特色文化基本面的12种文化作为第一辑,已于2021年4月出版,即《红色文化》《山水文化》《陶瓷文化》《书院文化》《戏曲文化》《农耕文化》《商业文化》《中医药文化》8种特色文化,以及《临川文化》《庐陵文化》《豫章文化》《客家文化》4种地域文化。在此基础上我们又梳理出《青铜文化》《古村文化》

《科举文化》《理学文化》《佛禅文化》《道教文化》《书画文化》《赣菜文化》《茶文化》9种特色文化,以及《饶信文化》《袁州文化》《浔阳文化》3种地域文化,共12种,作为第二辑出版。这些都是在江西历史上经过时间检验,已经形成广泛影响,并在较大范围内获得公认的文化成就和文化现象,它们是一道光、一条路,引导人们向光而行,不断续写新的华章。

我们在编撰工作中紧紧围绕"正""专""新""特""精""美"来精耕细作。"正",是指传播正能量,把好政治导向关;"专",是指既要雅俗共赏、通俗易懂,又要体现学术层面的专业性和权威性;"新",是指所选内容,不但要注重文化源远流长的历史和发展特征,更要延伸这种文化的美好前景及其在当下生生不息的生命力;"特",是指文化内容一定要选取最有特质、最有代表性的符号来讲述;"精",是指选材精、表述精、制作精,以打造精品图书的标准来组织实施;"美",是指图文并茂,精美雅致,让读者沉浸在美景美物的故事和文化意境中,怦然心动,产生共鸣。

丛书的出版得到了领导和有关方面的高度重视和关心支持。中共江西省委常委、省委宣传部部长庄兆林同志对丛书的编撰亲自部署、具体指导。时任中共江西省委常委、省委宣传部部长施小琳同志，时任江西省人大常委会党组副书记、副主任朱虹同志，中共江西省委宣传部老领导刘上洋、姚亚平同志对丛书的编撰出版给予了悉心的指导。在丛书配图方面，江西省各设区市委宣传部以及江西画报社提供了有力的支持。在书稿审读过程中，中共江西省委党史研究室、江西省社会科学院、江西省文学艺术界联合会、江西省民族宗教事务局、江西省博物馆等众多单位以及南昌大学、江西师范大学等众多高校的专家学者提供了学术上的指导。丛书各册的作者克服了诸多困难，在相对较短的时间内，精心构建框架，广泛搜集资料，创新表达方式，倾情进行写作，为丛书的顺利出版付出了艰苦的努力、巨大的心力。丛书还参考了一些研究成果和图片资料，使用了省内部分摄影家的作品。在此，我们谨向所有支持、帮助过该丛书出版的领导、专家、学者致以衷心的感谢！

限于时间相对匆促，在编撰出版过程中，难免存在缺憾和不足，敬请广大读者批评指正！

丛书编委会
2023年1月

目 录
CONTENTS

导　言 /001

第一章
浪卷浔阳

一、远古风云 /004

二、秦汉山河 /013

三、岳飞驻军 /020

四、鄱湖鏖兵 /024

第二章
名士风流

一、掌故传说 /036

二、六朝名士 /041

三、唐宋繁星 /052

四、巨擘人杰 /065

第三章
庐山画卷

一、诗漾山水 /084

二、白鹿洞书院 /097

三、"万国建筑博物馆" /106

四、庐山抗战 /115

第四章
世情风物

一、"来商纳贾" /122

二、古村流韵 /136

三、茶戏与山歌 /146

四、手工技艺 /156

后　记 /163

导言

　　九江市位于江西省最北端,西邻湖南,北接湖北、安徽。北面是波涛翻滚的长江,东边是烟波浩渺的鄱阳湖,庐山耸峙其中。唐代诗人权德舆赞曰:"九派浔阳郡,分明似画图。"集名江、名湖、名山为一体的九江,堪称"天下眉目之地"。

　　九江历史悠久。修水县的山背遗址、瑞昌市的商周铜矿遗址,表明九江的文明史可以上溯到3500年以前。《尚书·禹贡》中,已经出现"九江""彭蠡""敷浅原"的名字,九江指上古时期一分为九的长江九江段,彭蠡是鄱阳湖的前身,敷浅原即德安县的博阳河小平原。这三个是九江最古老的地名。西汉初设立豫章郡,下辖十八县,其中有彭泽、柴桑、鄡阳、历陵、海昏、艾,这六个县是九江最古老的县。西晋惠帝时设立寻阳郡，辖寻阳、柴桑二县；唐代设立浔阳郡，管辖范围扩大到彭泽、都昌等地；元朝的江州路及明清的九江府管辖五个县——德化、瑞昌、彭泽、湖口、德安；中华人民共和国成立以后，设立九江地区，管辖范围扩大到修河流域。现在的九江市，下辖三区三市七县：浔阳区、濂溪区、柴桑区，瑞昌市、庐山市、共青城市，彭泽县、湖口县、都昌县、德安县、永修县、武宁县、修水县。

长期以来，人们习惯用"浔阳文化"指称以古代浔阳城（九江城）为中心的地域文化。时至今日，九江城区面积空前扩大，作为赣北的核心城市，其影响力已经覆盖了九江全境，因此我们必须与时俱进，将以古代浔阳城（九江城）为基础的"浔阳文化"扩展为以现代九江城为基础的"浔阳文化"，亦即现代"升级版"的"浔阳文化"，用它来指称九江全境的文化。

九江独特的山川地理和人文历史，催生了举世瞩目的政治、军事、经济文化现象，创造了独特名人文化、庐山文化、商业文化，形成了丰富多彩的民间文化。

本书分四大板块来介绍浔阳文化：

第一块是政治、军事、经济文化。九江之地，江湖交汇，背靠九岭山脉、幕阜山脉，紧邻鄱阳湖平原、洞庭湖平原、江汉平原，历史上帝王将相出入，重大战役频发，物资转运频繁，产生了许多有重大影响的历史故事和文化现象。

第二块是九江的名人文化。九江钟灵毓秀，人杰地灵，诞生了许多宗师级别的文化名人，如陶渊明、黄庭坚等；又为"七省通衢"，与外界交流频繁，许多文化巨擘驻足于此，流连忘返，如李白、白居易、苏轼等。

第三块是以庐山为中心的文学、书院、建筑文化。诗词丛生、书声琅琅、别墅林立的庐山，在全国名山中独领风骚，是享誉神州的"人文圣山"。

第四块是名市、名村文化和非物质文化遗产。以商业文化为代表的九江名市文化，留下了三大茶市之一、四大米市之一等重要印记，码头商贸文化，又催生了吴城、九江海关的繁荣。美丽的古村承载着人们的乡愁，漫步其间，似乎能触摸到历史的温度。丰富多彩的非遗项目如湖口青阳腔、瑞昌竹编等等，则展现了九江传统文化生动的一面。

当然，这四个板块的分类是相对的，它们内在的联系非常密切；而"浔阳文化"的称呼也是相对的，因为产生在这一方水土之上的文化，早已超越了"浔阳"这一地域，是属于全省、全国乃至全世界的遗产。

第一章 浪卷浔阳

LANGJUAN
XUNYANG

长江是中国第一大江,鄱阳湖是中国第一大的淡水湖,两者交汇,形成了贯穿东西、联通南北的水上交通体系,而九江就位于这个水上交通的"十字路口",成为中国内陆最大水系的枢纽和节点。由九江向北溯汉江而上,可达秦岭南麓;向西溯长江而上,可达成都平原;向南溯赣江而上,过大庾岭,就到了岭南地区。

九江不仅是江汉平原、洞庭湖平原、鄱阳湖平原的物资转运枢纽,还有三大山脉作为军事屏障。北面的大别山脉,绵延于鄂东、皖西,是中原地区和长江中游的天然分界线;西部的幕阜山脉、九岭山脉,横亘于赣北、湘东、鄂南之间,为三大平原的制高点和分割线;东部的黄山山脉,纵贯皖南,将长江中游与长江下游地区分割开来。北、西、东三面巨大山脉环抱,长江从中穿流而过,这种地理形势意味着九江具有极为重要的军事价值,使九江成为历史上的兵家必争之地,在这里发生的军政大事,书写了浔阳浓重的历史。

一、远古风云

大禹南征

在距今 4300 多年的新石器时代晚期，赣北境内已经出现了大规模的人类聚居现象。"禹疏九江"的历史，就发生在这一时期。

《尚书》是中国历史上最早一部史书，其中《禹贡》篇记载了大禹治水的事迹，包括对九江一带的治理。《禹贡》说大禹从衡山"过九江，至于敷浅原"，又记载"彭蠡"是"阳鸟夷"居住的地方，九江进贡的物产是"大龟"。"彭蠡""九江""敷浅原"三者都是九江历史上最早出现的地名。"彭蠡"后来称为"彭蠡泽"，直到宋元以后，才逐渐被"鄱阳湖"的名称取代。"敷浅原"

大禹像

一般认为在德安县，即现在的博阳河小平原。长江奔流到九江境内之后，一分为九，这就是"九江"。据东晋张僧鉴《寻阳记》记载，九条江分别叫做白乌江（一作乌江）、白蚌江、乌土江（一作乌白江）、嘉靡江、畎江、浮江（一作沙江、源江）、禀江（一作廪江）、提江（一作堤江）、菌江（一作箘江）。九条江奔流向东，汇聚成一个庞大的湖泊，这就是"彭蠡"。

"彭蠡"之名与彭祖有关。相传彭祖是上古时期的仙人，据宋代《庐山名贤传》记载，彭祖曾到彭蠡泽，并登上庐山，遍览神仙洞府。一日他坐在湖边垂钓，钓上来一对鲤鱼，突然间波浪翻腾，两条鱼变成了两条飞龙，冲天而去。参考其他书籍，"鲤鱼"实际上应该是"蠡鱼"，即现代人所说的乌鱼。《神农本草经》等书说，乌鱼头上有七个白色的斑点，酷似北斗七星，古代人觉得它是神奇之物，不敢轻易吃它。据此可知，"彭蠡"就是"彭祖钓蠡鱼"的意思。

《史记》《水经注》等记载大禹疏导九江，登上了庐山东南面高入云天的紫霄峰，在山顶上刻石纪功。鄱阳湖中的鞋山，位于湖口附近，酷似一只巨大的鞋子，《寻阳记》记载大禹曾在鞋山上刻石纪功。《寻阳记》又记载庐山上有天子所居的"三宫"，

鞋山

为此庐山被称为"三天子都"。上宫人迹罕至,中宫位于巨石累累的山谷中,下宫的旧址就在宫亭庙。星子县南康镇(今属庐山市)旁边的一片鄱阳湖水域,在古代叫做宫亭湖,现在称为神灵湖;湖边有宫亭庙,现在称为"分风王爷庙",据说人们行船至此,都会去庙里烧香,祈祷一帆风顺,出入平安。综合起来,这些都是大禹留下的传说。

在大禹时代,居住在赣北境内的是三苗部落。三苗原本居住在今河南南阳市及湖北十堰市一带,与尧舜禹代表的中原王朝毗邻,多次与中原王朝鏖战,惨败之后被迫沿着汉水而下,迁徙到了南方。根据《史记·孙子吴起列传》《墨子·非攻》《古本竹书纪年》等书的记载,三苗部落到了南方之后,在湘鄂赣三省交界的幕阜山区和九岭山区建立了国家。位于修水县上奉镇山背村的山背遗址,是新石器时代晚期的文化遗存,2019年10月被国务院公布为第八批全国重点文物保护单位。对比史书的记载,这里很可能就是三苗国的遗址。

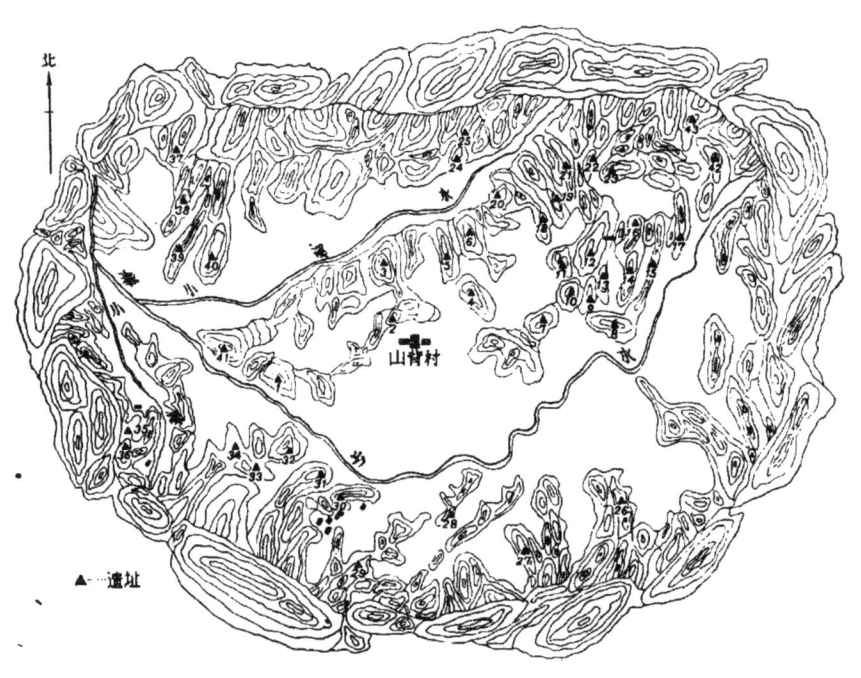

山背遗址分布图

大禹以"治水"为名到了赣北，实际上是奉舜帝之命讨伐三苗。《墨子·非攻》记载当时三苗国内妖异丛生，连续下了三天三夜的"血雨"，时逢夏天，居然结起了冰，又发生了大地震，还有巨龙钻进了三苗的祖庙，很多狗在大街上痛哭，为此人心惶惶。在那个人神不分的时代，打仗时都要抬着神像，当大禹亲率大军与三苗决战之时，他手下有个神箭手一箭射掉了三苗的神像，导致三苗军心大乱，一败涂地，三苗国也就随之消亡了。

从青铜基地到吴越战场

在距今 3600 多年的商代，大规模的铜矿开采和冶炼出现在赣北境内，留下了如今瑞昌的商周铜矿遗址。近数十年来，在德安县的博阳河小平原发现了大量的商代遗址，又在柴桑区马回岭的荞麦岭一带发掘了大型的商周青铜冶炼遗址，这两者与武汉盘龙城遗址、瑞昌商周铜矿遗址、樟树吴城遗址结合，就比较清晰地展现了当时的历史面貌：瑞昌商周铜矿的开发引起了商王朝的高度重视，他们派兵从汉水南下，占据了位于武汉黄陂的盘龙城，就近在瑞昌大量开采铜矿；又沿着彭蠡泽和赣江进入江西腹地，在樟树吴城一带建立了大型的方国。荞麦岭一带是连接瑞昌商周铜矿和樟树吴城商代方国的枢纽，这里背靠庐山，便

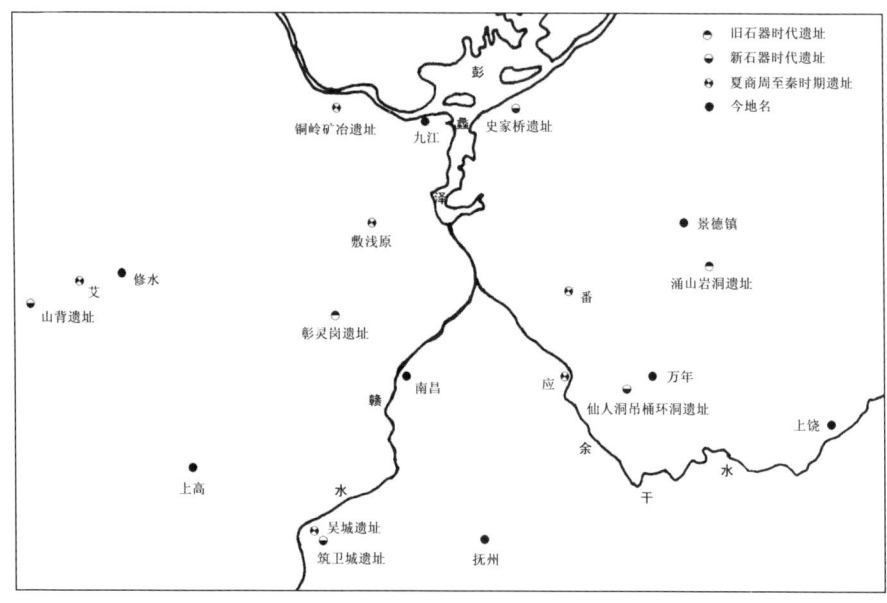

赣北文化遗址示意图

于据守,既可以就近控制博阳河小平原,也可以为瑞昌商周铜矿提供军事保障。

西周建立以后,为安定南方,周康王、周昭王、周穆王都曾发动大规模的南征,之后的周厉王、周宣王亦曾讨伐南方,但这一系列的战争始胜终败。据《古本竹书纪年》记载,康王十六年(前1011),西周第三任君主周康王姬钊南征,到了"九江庐山"。据南朝祖冲之《述异记》,庐山康王谷的北面山峰上有一座城,以周康王的名字号为"钊城",经常有人在钊城捡到古器、大鼎、弓、弩、金等遗物。《庐山志》记载仰天坪有"周王城",应当就是传说中的"钊城"。2013年,在康王谷附近的马回岭镇富民村荞麦岭发掘了一座大型商周城邑遗址，则为康王谷的传说提供了一定的历史根据。

另外一种传说认为"康王"指楚康王。据《历世真仙体道通鉴》卷十，楚康王为楚怀王的后代，贤能有为，爱惜民众，在秦始皇吞并六国之时，楚康王兵败南逃，入庐山东南深谷以避难，祈祷山神保佑。秦国大将王翦领兵追杀至谷口，见大雾弥漫，暴雨狂注，溪流汹涌，不辨道路，遂惧而退师，楚康王因此逃过一劫。之后楚康王深入峡谷之中隐居，不复出山，久而得道。南朝梁大同初年，在这里建起了道观，梁武帝下诏赐名康王观。

《古本竹书纪年》记载，周穆王于三十七年（前940）伐楚，"大起九师，至于九江"。相传周穆王到了九江，叱令水里的乌龟、鼋鼍全部浮到水面上，为他搭建一道浮桥，可谓惊天地而泣鬼神，然而他的征战却以全军覆没而告终。东晋葛洪《抱朴子》记载，周穆王率领的南征将士都变成了动物和沙子，"君子为猿为鹤，小人为虫为沙"。

西周晚期，楚国势力不断东扩，最终夺取了赣北的铜矿资源，也控制了赣北这一战略高地，并与赣北的土著民族如百濮等产生了激烈的冲突，之后又与吴国发生了战争，在春秋时期，赣北已然成为吴越交锋的主战场之一。春秋晚期，吴国发生王位之争，吴公子光派人刺杀吴王僚，抢得王位，是为吴王阖闾。吴王僚的儿子庆忌出逃，居于艾，后来入楚国求助，却被吴王阖闾派来的刺客要离杀死。（艾是一个非常古老的地名，含今修河流域的修水、武宁、永修三县，还包括邻近的幕阜山区、九岭山区一带。西汉初年设立艾县，延续到六朝时期，管辖范围大为缩小。）进入战国时期，赣北又成为楚国与越国反复厮杀的战场。楚国与越国均走向衰落之后，赣北便成了部落林立的百越之地。

二、秦汉山河

秦皇汉武巡狩

秦始皇统一六国后,赣北被纳入了大一统的国家体系之中。秦始皇曾经五次南巡,最后一次到达钱唐县(今杭州),渡江到会稽山,祭祀大禹。相传庐山紫霄峰有秦始皇勒石留迹之处,应该就是这次南巡时留下的。据南宋王象之《舆地纪胜》卷二十五,"秦始皇登之,谓其与霄汉相接",庐山上霄峰由此得名。明代桑乔《庐山纪事》卷二:"秦始皇、汉武帝、司马子长皆登上霄。"引《一统志》云:"上有石梁、石室、瀑布。禹刻,秦始皇、汉武帝石刻,今并亡之。"《永乐大典》卷六六九八收录的《江州志》还记载有秦始皇三十七(前210)年登上霄峰刻下的石刻,其中有"南浮大江,至于庐阜,登兹峻极,眺望汪洋"之语。

在距今2200多年的西汉初年,柴桑县设立,从此九江有了明确的行政区划。柴桑县是维系西汉王朝与豫章郡关系的枢纽之地。据《汉书》记载，汉武帝为了消灭割据东南沿海地区的闽越国和南越国，在寻阳建立了楼船基地，在彭蠡泽屯聚了大量的"楼船军"也即水军，有战舰数千，兵士一二十万。元鼎五年（前112）秋，汉武帝调遣"罪人"和江淮以南的水军共10万人，兵分五路，进攻南越。第一路从长沙国桂阳（今湖南境内）直下湟水；第二路以杨仆为楼船将军，从豫章郡（今江西境内）直下横浦；第三路和第四路从零陵（今湖南境内）直下漓水（今广西漓江）；第五路从夜郎国直下牂柯江。五路大军中真正获胜的是第二路，楼船将军杨仆率部从豫章郡出发，沿着赣江而上，翻越大庾岭，到了今南雄市的浈水，再顺流而下进击广州。统一南越之战，凸显了从九江到广州这一南下通道的重要性。

元封五年（前106）冬，汉武帝南巡到了寻阳，射蛟于大江之中，之后带着战舰千艘，到了枞阳。汉武帝登上庐山，在山上建造了羽章馆，又将庐俗封为大明公，列入国家祭祀。宋代陈舜俞《庐山记》说羽章馆在五老峰的屏风叠下，前面就是相思涧。在这里东望彭蠡，烟波浩渺，一览无余，可以想见汉武帝巡视水军的那种气象。

东汉时期,"南粮北运"成为突出现象。汉安帝永初七年(113),黄河中下游大旱,朝廷调集零陵、豫章等五个郡的租米以救中原、苏北、淮北地区七个郡的饥荒,救济人口在550万左右,可见豫章郡粮食生产能力之大。在当时,鄱阳平原是豫章郡最主要的粮食生产基地,柴桑城则是鄱阳平原西部最重要的据点,便利的水上交通为"南粮北运"提供了有力的保障。

周瑜柴桑点将

从东汉中期开始,由于海平面的下降,先秦时代庞大的云梦泽消失了,古彭蠡泽的北部也消失了,一分为九的九条江到六朝时期变成了两条:一条从湖北黄梅县境内流过,它是长江的主流,被称为"大江";一条从寻阳城东北流过,流量较小,被称为"小江"。两条江从湓口关一带开始分流,到桑落洲又合二为一。六朝时期,南北长期分裂,长江九江段成为中部与东部地区的交通枢纽,也成为南下交广的交通枢纽,而湓口关则成为柴桑境内最重要的军事据点。

湓口关因湓水而得名,或称"盆口",在这里建造的城池叫做"湓口城"或"湓城",也叫"盆口城"或"盆城",附近的湖泊被称为"湓浦"。据东晋张僧鉴《寻阳记》记载,湓口城初设于西汉初的灌婴,东汉时期废弃。东汉末年,孙权消灭了江夏太守黄祖,之后屯兵柴桑,其驻地就在湓口关。孙权在这里建造了城池,作为控扼长江中游的首要关隘。西晋末年,江州设立,湓口关的地位迅速上升,在东晋和南朝均为兵家必争之地。唐朝初期,湓城县被废,"湓城""湓浦"等名称都被移植到了浔阳县(位于今浔阳区)。据考证,六朝时期的湓口关应该在今九江市柴桑区城子镇的火龙村,西距九江市浔阳区约35公里,近年来在这里发现了大量的文物遗存,足以表明这是一座城邑的遗址。湓口关北临波涛翻滚的长江,而其南面的

孙权像

城子镇火龙村

一座小山,清乾隆《瑞昌县志》称之为"火炉山",现在称为"烟墩山"。从湓口关往南数里,就是辽阔壮观、面积达到7.5万亩的赤湖,这里可以停泊大量的战船和商船。

东汉末年,孙策、孙权兄弟崛起于江东,横扫长江中下游地区,孙权又在赤壁之战中击败了曹操,奠定了东吴的基业。作为"吴头楚尾"的赣北,在东吴建国的过程中彰显了它的重要地位,也留下了两个神话故事:一个是武宁县的"孙钟种瓜"传说,另一个是湓口城的"浪井"传说。相传孙权的祖父孙钟曾在武宁县杨洲乡的吴王峰下种瓜,因他一向待人热情,几个仙人便给他指示了吴王峰上的"风水宝地",之后孙钟将母亲安葬在这里,后来孙氏子孙建立东吴政权,数代为帝。在孙钟种瓜的数十年后,孙权又在柴桑留下了"浪井"的传说。据《寻阳记》,孙权拥军柴桑,驻扎在湓口城,因地势较高,他选择了一个地方叫人挖井,一挖竟挖到了几百

浪井

周瑜点将台

年前的水井旧址,其中有一块碑刻,说这个水井荒废一百年之后又会被"应运者"重新开挖,这相当于预兆了孙权的"开国大运"。相传浪井很深,与长江相通。长江上起了风浪,这里的井水就会翻腾不已。南朝宋末,萧赜(即后来的齐武帝)驻守湓口关,也发生了同样的事情:他叫人挖井,挖了很深之后,泉水喷涌而出。唐代以后,浪井被挪到了浔阳城,到现在还是九江最负盛名的古迹之一。

历史上的赤壁之战,本来资料很少,通过历代三国传说和《三国演义》的描述,柴桑与周瑜、诸葛亮就紧密联系起来了。诸葛亮在柴桑面见孙权,舌战群儒;又在柴桑智激周瑜,让他下决心抗曹,之后"草船借箭","借箭"时大雾弥漫,"东失柴桑之岸,南无夏口之山",诸葛亮由此顺利而归。曹操横槊赋诗,也在柴桑对岸,"见南屏山色如画，东视柴桑之境，西观夏口之江，南望樊山，北觑乌林，四顾空阔"。这些描写虽然只是小说家言，却极度强化了赤壁之战和柴桑的关系。在《三国演义》广泛流传的情况下，周瑜的少年英雄形象和诸葛亮的智慧形象已经和"柴桑"融为一体，无法分割了。1986年，九江市在烟水亭前填湖筑造了一个280平方米的"周瑜点将台"，还设置了"周瑜战迹陈列馆"，树立了一座三米多高的周瑜塑像，体现了文学家笔下的人物形象，寄托了人们的英雄情怀，点将台也就成为人们公认的景点了。

烟水亭

三、岳飞驻军

公元1115年,完颜阿骨打建立金国。1125年金国攻灭辽朝,旋即大举进攻北宋。宋军节节败退,靖康二年(1127)四月徽宗、钦宗二帝被俘,北宋灭亡。五月初一,宋徽宗的第九子康王赵构在南京应天府(今河南商丘)即位,改元建炎,南宋建立。

对于南宋来说,从陕南到江淮之间的战线犹如一条长蛇,长江中游则相当于这条长蛇的腰部——一旦被拦腰斩断,川陕与江淮就很容易被分割包围。基于这种形势,在江淮地区的战局稍微稳定之后,名将岳飞就奉命进入江西,实施战略上的"护腰"工程。

岳飞率领的岳家军,军纪严明,训练有素,在建炎四年(1130)收复建康(今南京)的战役中杀敌数千,开始崭露头角,旋即被派往饶州,展开了江西境内的征战。绍兴元年（1131）正月，叛将李成派马进率兵10万进犯洪州（今南昌），岳飞前往征讨，三月初大败马进，之后乘胜追击，在筠州（今高安）、武宁击败叛军，三月下旬收复江州（今九江），并在分宁（今修水）招降张用，扫平吉州（今吉安）、虔州（今赣州）等地，平定了江西全境。绍兴二年（1132）春，岳飞奉命戍守江州。

岳飞戍守江州之时，牢牢控制了位于湘鄂赣三省交界处的幕阜山区、九岭山区，不但解除了金兵对江浙地区的威胁，也使金兵通过江汉地区顺流东下攻击南宋的计划破产。绍兴四年（1134），岳飞主动请战，率师北上，一路所向披靡，连克六郡，稳定了江汉地区。接下来于绍兴五年（1135）二月平定杨幺之乱，收编了五六万起义军。之后岳飞的战略就是从鄂西北出击中原，完成"还我河山"的大业，他分别于绍兴六年（1136）、绍兴十年（1140）发动了两次北伐，大破金军，取得了郾城大捷、颍昌大捷。然而宋高宗却以十二道金牌严令岳飞撤军，致使十年之功废于一旦。之后宋金和议，岳飞也在绍兴十二年（1142）被诬陷入狱，不久被赐死。

岳飞像

岳母墓

经过历朝历代的传说和演义,岳飞已经成为一个家喻户晓的英雄,而他在赣北留下的踪迹,也成为九江文化的重要组成部分。

岳母姚氏,为中国"四大贤母"之一。北宋灭亡后,岳母在岳飞背脊上针刺"尽忠报国"四字,激励他杀敌报国,成为千古佳话。岳飞从军以后,河南汤阴沦陷,岳飞派人潜入家乡,先后十八次才将母亲和二子接到自己的军营。绍兴二年(1132)春,岳飞奉命驻军江州,岳母也到了江州。绍兴四年(1134),岳飞受命出征襄阳等地,岳母随军至鄂州(今武昌)。绍兴六年(1136),岳母病逝,安葬于庐山之北的株岭(在今柴桑区沙河街西南郊)。

岳飞从军以后,原配夫人刘氏改嫁,续娶夫人李娃。李娃长期随军,之后定居江州。她是一个典型的贤妻良母,元代无名氏编撰的《居家必用事类全集》有"江州岳府腊肉法""江州岳府腌鱼法",应该就是李娃指导制作的。岳飞被害后,李娃被放逐岭南;岳飞冤案昭雪之后,李娃返回江州,淳熙二年(1175)病逝,安葬在岳母墓附近的太阳山腰。

明代以后,岳母墓、李夫人墓由于无人管理,渐渐变成荒冢,嘉靖年间被陈氏占据。岳飞后人不断起诉,官司一直打到民国时期。到了现代,当地政府力促陈家迁坟,恢复了岳母墓的原貌,使之成为一处名胜古迹。

岳飞驻军江州之后,在当时的江州城内建有府邸,称为岳王府;此外江州城还有岳王池、岳师门,均与岳飞有关。因追随而来的部众、乡亲很多,岳飞便在庐山石门涧一带购置田产,建造房屋,安顿家小以及从北方逃难而来的家族成员,久而久之就形成了远近闻名的"岳家市"。岳家市旁边就是岳飞及家人居住的"岳氏名园"。岳飞在这里居住时,常与附近东林寺的长老慧海往来,有诗《寄浮图慧海》曰:"功业要刊燕石上,归休终伴赤松游。"岳飞蒙冤遇害之后,岳氏家族四处逃难,岳家市一度败落。绍兴三十二年(1162),岳飞冤案平反,朝廷发还没收的岳氏名园及岳家市田宅,据《户部复田宅符》记载有60间房屋和230间房屋的地基。之后岳飞的孙子岳珂长期居住在岳氏名园。明代以后,岳氏名园逐渐荒废,终至湮没。1997年春,庐山连降暴雨,山洪冲掉了石门涧外一片菜地,露出一块巨石,上面刻有"岳氏名园"四个大字和"淳祐丁未正旦""石门后人安道书"两行小字。经过考证,这里正是岳氏名园的遗址。此后,人们还在这里陆续发现了"牡丹亭""漱石""枕流""石门蒙井"等石刻。

四、鄱湖鏖兵

朱陈大战

元朝末年,天下大乱,四处烽烟,遍地起义。沔阳人陈友谅加入红巾军起义,成为徐寿辉部下,因战功升为元帅。至正二十年(1360),陈友谅杀死徐寿辉,自立为汉王,以江州为都城,尽占江西、湖广(今湖南、湖北)之地,之后出兵东下,试图消灭占据应天府(今南京)的朱元璋所部,然而数战数败,不得不撤回江州。第二年,朱元璋率军讨伐陈友谅,大败之,并且占领了南昌。至正二十三年(1363),陈友谅趁朱元璋率主力营救小明王时,倾全力进攻南昌。朱元璋的侄子朱文正率领将士死守城池80多天,危在旦夕,朱元璋遂统兵20万西上救援。陈友谅撤出攻打南昌的军队,迎战朱元璋,双方在鄱阳湖展开殊死决战,这就是历史上著名的朱陈鄱阳湖大战,最终以陈友谅被乱箭射死、朱元璋大获全胜而告终。

　　鄱阳湖大战充满了传奇色彩。以兵力而言，朱元璋只有20万，陈友谅号称60万，相差悬殊；陈友谅的战船都是高达十余丈的大型战舰，而朱元璋的战船都是小艇，不可同日而语；朱元璋从南京到九江，可谓是劳师远征，而陈友谅则在南昌附近，可谓是以逸待劳。然而就在诸多不利的情况下，朱元璋却取得了巨大的胜利，堪称奇迹。在战役中出现的一些情节，则更令人啧啧称奇。例如初战于康郎山之时，陈友谅的大将张定边突袭到了朱元璋乘坐的战船边上，情势十分危急，部将韩成匆忙换上朱元璋的服装，跳水而死，吸引敌军纷纷下水打捞，而常遇春、俞通海等大将及时赶上来抵挡，朱元璋这才趁机逃脱。然而史书却说当时潮水突然上涨，把朱元璋的船冲开了，这才得以脱险。又如《明史·刘基传》记载，一日之内，两军发生激战数十次，朱元璋正在船上指挥作战，忽然刘基大叫一声"不好"，拖着朱元璋就跳到了另外一条船上，还没站稳，就看见刚才所坐的那条船已经被炮火炸得粉碎。

　　朱元璋认为他能够取得鄱阳湖大战的胜利，系上天及庐山山神保佑所致，而周颠仙则是代上天传达意旨的神人。明洪武二十六年（1393），朱元璋亲自撰写了《周颠仙人传》，在庐山上建造了御碑亭（白鹿升仙台），将庐山封为"庐岳"并在天池寺祭祀，从而带来了庐山山顶的第一次大规模开发。上山的"九十九盘御道"，山顶的访仙亭、聚仙亭、天池寺均由此而建，这些景观集中在庐山锦绣谷至天池寺

庐山御碑亭旧影

庐山御碑亭今照

一带，至今依然是庐山的核心景区。

在民间传奇盛行的情况下，明中叶以后出现了《英烈传》一类的小说，其中"韩成将义死鄱阳""丁普郎假投友谅""遣四将埋伏禁江"等绘声绘色的描写，更增添了鄱阳湖大战的传奇色彩。小说影响所致，鄱阳湖、庐山及九江一带出现了很多有关朱元璋的地名传说，如都昌的老爷庙，星子县（今庐山市）的神亭庙、旗山，九江市区及庐山周边的江矶寺、姑塘、开天寺、马回岭、方竹庵、高山庙、马宿岭、老鹳塘、韩成庙、捉马岭等，均与朱元璋的传说有关。而永修吴城的望夫亭、庐山石耳峰的月琴冢，则与陈友谅的娄妃、爱姬苕华夫人的传说有关。

王阳明大败朱宸濠

正德十四年（1519），宁王朱宸濠借口明武宗荒淫无道，于是年六月十四日兴兵，杀江西巡抚孙燧、江西按察副使许逵，革正德年号。七月初，出江西，率舟师入长江，攻安庆，欲取南京。

此时的王阳明正在去福建赴任的路上，他被朝廷派往福建去平定叛乱，刚走到丰城，就得到朱宸濠叛乱的消息。此时他已不再是"提督南赣汀漳等处军务"，在江西他已没有了兵权。王阳明立即改往吉安，在给朝廷上折子通报宁王反叛消息的同时，发出讨贼檄文，自主募兵平叛。

王阳明成功实施了疑兵之计，令朱宸濠进兵犹豫不定，然后趁其进攻安庆后方空虚，攻下了宁王老巢南昌。朱宸濠得知南昌失守后，火速回援，半路遭到王阳明的伏击。

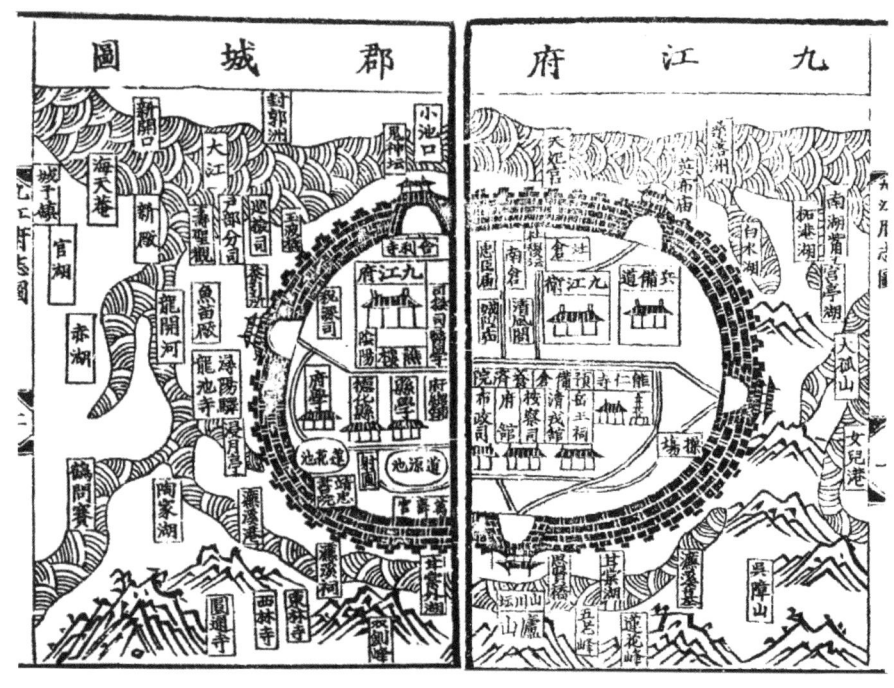

明代九江府郡城图

朱宸濠被伏击后，收拾残兵，并调来九江、南康的守军，准备和王阳明在鄱阳湖决一死战。

七月二十五日，王阳明部队与朱宸濠部队的决战在鄱阳湖上正式展开。朱宸濠这时已经没有了退路，而王阳明更清楚，如果不能在这次交锋中取得胜利，南昌城一旦回到朱宸濠手中，朱宸濠肯定会迅速出击，到时候整个大明都将被卷入战火之中。

两方军队士气的高下一望而知。朱宸濠大军进攻安庆受挫，且老巢被端，士气低落，而王阳明所部出奇制胜，攻取南昌，伏击朱宸濠，连战连捷，士气正旺。朱宸濠这边拿珠宝激励三军,以重金悬赏勇夫;王阳明则立下军令,临阵脱逃者立斩。

战斗打响了。朱宸濠求胜心切,将自己乘坐的主舰突前,而王阳明麾下伍文定使用火器引燃了朱宸濠的副舰。副舰上的火器火药爆炸,把紧挨着它的主舰给引燃了,朱宸濠当下弃舰后退。当时江面战场上一片混乱,混战中的叛军只见主舰燃烧,看不见宁王,下意识以为宁王出事了。

群龙无首,军心大动,叛军一败涂地。此役朱宸濠损失惨重,率残部退到了樵舍。安定下来后,朱宸濠问计左、右丞相李士实、刘养正。刘养正分析说是王阳明那些船都是小船,很灵活,而己方都是大船,这就给了那些小船到处穿插捣乱的机会,所以应该把船用铁索锁在一起,不给那些小船可乘之机。朱宸濠居然听取了刘养正的建议,全然忘记了火烧连船的历史往事——三国时期的赤壁之战、元末的朱陈大战。

朱宸濠准备停当,指挥水师向王阳明发动进攻。王阳明早有准备,用小船将朱宸濠的铁索连船点燃,火借风势,又一次火烧鄱阳湖。在这次交战前,王阳明事先命人造了万面免死木牌,投入湖中。火光里,宁王的军士们看见浮在湖面上的木牌,上面题有"宸濠叛逆,罪不容诛,胁从人等,有手持此板,弃暗投明者,既往不咎"字样,彻底没了斗志,纷纷丢下武器投降,只求保全性命。

兵败如山倒,朱宸濠趁乱搭上小船逃生,却被伏击的万安知县王冕生擒。

鄱阳湖一战,历时43天的宁王之乱被迅速平定。

太平军鏖战湘军

1853年3月,太平军攻下江宁(今南京),建立太平天国。6月,太平军组成西征军,溯江西征,意欲稳定后方。西征军先后攻下安庆、九江、武昌等地,但之后在湖南遭遇新建立的湘军抵抗,连战连败。

石钟山

曾国藩指挥湘军，乘胜集结重兵围攻九江、湖口。咸丰四年十二月（1855年1月）湘军攻破黄梅，太平军被迫南渡长江，退守九江、湖口两城。

驻守九江的太平军顶住了湘军昼夜不息的轮番进攻，压制住了湘军的气焰。

曾国藩见连日攻城毫无效果，决定将陆师兵分两路，一支继续攻城，一支开至湖口郊外的盔山，进攻梅家洲，以牵制驻守湖口的太平军，切断湖口、九江之间的联系。

此时坐镇九江的太平军翼王石达开对湘军的异动洞若观火，他针锋相对地改变部署：命林启荣扼守九江，他自己奔赴湖口据守；命罗大纲固守梅家洲，深壕高垒，坚守不战，使湘军在城下毫无作为，进退失据。

见湘军锐气受挫，石达开开始谋划破敌之策。太平军相比于湘军，水师实力相差悬殊。当时太平军水师的船只数量少，火力配备也不足，而湘军水师雄壮，船坚炮利。湘军水师分大船和小船两部分，大船笨重，小船灵活，大小配合，长短互补，故而在水战中无往而不利。石达开认为，欲战胜湘军，必须先摧毁其水师，而欲破其水师，必须设法将其分开，使其无法协同作战，最终失去战斗力。

石达开绞尽脑汁，终于找到了破敌之策。

十二月十二日，石达开利用湘军水师急于求战的躁急心理，以数十艘小舢板主动邀战，将湘军120余艘轻便战船引诱进鄱阳湖中，然后迅速塞断湖口水卡，架设火炮，将湘军水师的120余艘轻便快艇死死封锁在鄱阳湖内。此时，湘军水师已被截为内湖（鄱阳湖）和外江（长江）两个部分，驻泊在外江的水师船队只剩下船体坚固但运转不灵的大船，缺少了小船的配合、掩护，几乎丧失了大半作战能力。当天夜里，太平军数十艘小划艇乘夜捣入湘军外江船队中，与岸上的太平军步兵互相配合，向湘军舰船发动火攻。湘军水师惊慌失措，纷纷扬帆起锚，往上游溃逃。此役太平军共焚毁湘军大船9艘、中型船只30余艘。

与此同时，石达开遣部重新夺取了长江北岸的小池驿。曾国藩气急败坏，干脆放弃了对湖口的进攻，集中力量攻取战略地位更重要的九江城。

就在湘军进攻九江城的当天晚上，即十二月二十五日夜间，石达开对湘军水师发起了一次规模更大的破袭战。当天晚上，月黑风高，江面上还起了雾气，烟水朦胧，咫尺莫辨，太平军在夜色和雾气的掩护下，分别从九江和小池口遣出30多艘小船放入长江内，数百精兵携带各种火器，悄无声息地钻入湘军船队纵火烧船。火借风势，越烧越猛，湘军水师顿时大乱，纷纷扬帆而逃，大小舰船被焚毁无数，就连曾国藩的指挥座舰亦被太平军掳获。

望着江面上无数战船灰飞烟灭，曾国藩心如刀绞，自己苦心经营这么多年的水师几乎全军覆没，还有何脸面苟活于世，急欲投水自尽，幸被幕僚和卫兵救起。

太平军取得湖口大捷后，乘势西进，两个月内重新攻取武昌，控制了湖北的大片地区，为太平天国鼎盛局面的形成奠定了基础。

第二章 名士风流

MINGSHI
FENGLIU

在数千年的历史中，浔阳一带产生了很多名人。在六朝以前，由于缺乏文献记载，很多名人故事都演变成了传说。这些传说与真实的历史差异很大，但并非毫无事实依据。他们留下的传说，构成了早期的浔阳名人文化。从六朝时期开始，浔阳历史有了较多的文献记载，众多活动在赣北的人物创造了丰富的名人文化。这些名人可分为当地、外来两类。从东晋的名将陶侃、周访及大诗人陶渊明，到宋代的黄庭坚、江万里，再到清代的雷氏家族以及近现代的义宁陈门五杰、李烈钧、黄远生、徐宝璜、许德珩、袁隆平等，都是浔阳本土的著名人物。另一方面，外来名人创造的文化也极为辉煌，如唐代的李白、白居易，宋代的周敦颐、苏轼等，均为浔阳文化增添了无限光彩。

一、掌故传说

匡俗与庐山得名

尧舜禹时代，赣北地区以巢父、大禹、彭祖三人的传说最为有名。相传巢父是尧帝时期的高士，尧以天下让之而不肯接受，始终以放牧为生。山东聊城有巢陵，为巢父葬处。赣北亦有巢父的遗迹，据乾隆《瑞昌县志》记载，瑞昌县西四十里的下巢湖，以巢父隐居此处而得名，历代相传这里有古巢父旧居。

据东晋周景式《庐山记》，庐山之名起源于匡俗的传说。根据吴国富《赣北古史考》等著作，与匡俗有关的传说应当是一个家族的传说。匡俗一作匡续，

庐山剪刀峡匡俗造像

庐山剪刀峡匡续修炼遗址

一作庐俗，事实上他们是三个不同时期的人。匡俗生活在周武王时期，天赋灵异，不乐为官，多次逃避周王的征聘并结庐于山上，人们称他为"庐君"。后来匡俗成仙而去，山上只剩下他的空房子，人们就把这座山叫做"庐山"。据南朝齐谢灏《广福观碑》，匡俗仙去七百年之后，周定王问柱下史伯阳父："当今天下，还有哪些在世的神仙？"伯阳父说："庐山的匡续就是其中之一。"于是周定王派人去召见匡续，匡续却躲起来不愿出山。又过了两百年，周威烈王派遣使者带着安车去召见匡续，匡续得知此事，在使者到来前两天就白日升天了。秦汉之际，又出现了一个庐俗，他本姓匡，改姓庐，是番阳令吴芮的部下，因协助刘邦建立汉朝有功，被封为"鄡阳男"。元封元年（前

110），汉武帝南巡，登临庐山，问左右是哪位神仙主管此山。博士刘歆奏曰："匡续先生得道于此。"于是汉武帝封匡续先生为"南极大明公"，下令立祠庙于虎溪，享受国家祭祀。东晋时，慧远来到虎溪，爱此溪山之胜，对江州刺史桓伊说："昨天晚上梦见匡先生愿意舍祠为寺。"得到桓伊的同意之后，就将匡续的祠庙迁移到山口的西北方，在祠庙原址上兴建了东林寺。

西周至春秋时期，庐山有老子的传说。据东晋张僧鉴《寻阳记》，庐山五老峰下有青牛谷，相传这里是老子的隐逸之处。有人看见老子骑着青牛从这里出来，故而称之为青牛谷。庐山因匡俗隐居而得名，相传匡俗就是老子的弟子。

秦汉隐逸名士

战国晚期秦国的甘罗，12岁为秦国上卿，是著名的少年英雄。史书中没有记载甘罗的结局，而有关甘罗的传说却出现在陕西、河北、河南、山东、安徽、江苏、江西、广西八个省区的13个地方，或能反映甘罗最后走上了武装逃亡之路。江西的武宁县和吉安县都有甘罗的传说。武宁县的"甘罗村"位于石渡乡新华村旧址，玉枕山下的老县城内有很多以"甘罗"命名的建筑，如"甘罗宅""甘罗故基""甘罗井""甘罗坊""甘罗堡""甘罗巷"等，老县城东五里的碛溪山又有"甘罗墓"。

秦始皇统一天下之后南巡时曾登上庐山，庐山北面的青盆山，又名秦山，这里有很多秦汉之际的传说。青盆山上有金盆寺，寺庙前面有一口池塘，方圆数亩，一年四季都不会干涸，山下居民赖以灌溉田地。相传秦朝有王子安葬于此，后来棺木迁走了，留下一个墓穴，变成了一池清水。寺庙旁边还有秦朝的金吾将军驻地故址。青盆山的半山腰有下马台，相传秦始皇经过此地下马登山，因此得名。

瑞昌市境内又有赤松子、张良、甪里先生的传说。据乾隆《瑞昌县志》，瑞昌的赤湖，相传为赤松子隐居之地，赤湖因之而得名。瑞昌县西九十里有赤颜山，也因赤松子而得名。张良师从赤松子，在瑞昌隐居，击毙了损害庄稼的大蛇，拔樟树而倒插之，樟树居然成活了，至今郁郁葱葱，为此留下了"倒插樟"的名字。又相传瑞昌有"商山四皓"之一甪里先生的旧宅，位于县南20公里。瑞昌县北15公里的学堂山上有玉华洞，唐朝有人在洞里发现了大量的汉朝遗物，表明赤松子、张良等人的传说并非空穴来风。庐山南麓有黄石岩，据说黄石公曾在这里隐居，他就是给张良传授《太公兵法》的那个神秘人物。

东汉时期有一个十分显赫的"辽东丁"家族，起源于姜太公,因姜太公曾经隐居辽东20年而得名。汉哀帝的母亲丁太后、东汉学者丁鸿都属于这个家族。据《湘潭丁氏家谱》《万载丁氏家谱》记载,东汉晚期,"辽东丁"的一支因避难而徙居豫章,其中丁令威、丁义定居武宁,二人以方术名扬天下。《搜神后记》记载的"丁令威化鹤"故事,是后代常用的典故。历代《武宁县志》记载武宁县有辽东山,山下有丁令威的故居及礼星坛,位于武宁县城东南20公里的南山则是丁令威修炼的地方。丁令威将仙术传给丁义,丁义将仙术传给曾任西安令的吴猛,吴猛后来则成了净明忠孝道的祖师。

二、六朝名士

陶 侃

陶侃（259—334），字士行，东晋名臣。其父陶丹为东吴的扬武将军，东吴灭亡之时从鄱阳迁徙到寻阳，不久后去世。陶侃的母亲湛氏，在家境极为贫寒的情况下靠纺织为生，养育儿子。后来陶侃做了寻阳县的小吏，负责渔业税收，托人给母亲送了一坛"鲊"（腌鱼），母亲见了非常不满，叫人把腌鱼退回去，还捎了一封回信："你身为小吏，把公家的东西送给我，不但没有任何好处，反而要让我愁死！"鄱阳孝廉范逵去京城洛阳，途经寻阳，在陶侃家中留宿，陶母把自己的头发剪了卖钱换酒，把垫床的草席剪碎了喂马，令范逵大为感动，之后在京城大力举荐陶侃，使陶侃正式步入了仕途。"封坛退鲊"和"截发延宾"的故事广为流传，陶母湛氏也成为中国"四大贤母"

之一,以至于五个地方都出现了"陶母墓",即鄱阳县的牛眠地、抚州临川区的抱冈山村、新干县的东巨步、德化县的白鹤乡、都昌县的石壁山。按照陶侃自己的说法,他父母的坟墓都在寻阳。传说陶母出殡之日,有仙人登门吊唁,后化为白鹤飞去。陶侃把她安葬在湖边,故而此湖叫做"鹤问湖",即现在的九江市赛城湖。

陶侃入仕之后,历任武昌太守、广州刺史、荆江二州刺史,官至侍中、太尉、都督八州诸军事,封长沙郡公。咸和九年(334)去世,追赠大司马。陶侃一生中平定了陈敏、杜弢、张昌、苏峻之乱,为东晋政权的稳定立下了不朽功勋。他治下的荆州,史称"家给人足""路不拾遗"。他勤于吏职,不喜饮酒、赌博,且留下了"大禹圣者,乃惜寸阴,至于众人,当惜分阴"的名言,后人的名句"一寸光阴一寸金"由此而来。长沙、南京等地都有"惜阴书院",均以陶侃的名言而命名。九江境内有多处祭祀陶侃的陶桓公祠,分别位于九江府城东及府城南的龙溪和湖口县城、星子县(今庐山市)等地。

陶侃家住寻阳,父母安葬在寻阳,在担任广州刺史之后封为柴桑侯,在平定郭默叛乱之后兼任江州刺史,为此在寻阳留下了很多产业。他的儿子陶范曾经将田宅捐出来建造西林寺。有了陶侃、陶渊明两位名人之后,"寻阳陶氏"就成了一个著名家族。

陶渊明像

陶渊明

陶渊明（约365—427），一名潜，字元亮，寻阳柴桑（今江西九江）人，陶侃的曾孙。祖父陶茂曾任武昌太守。父亲早亡，母亲为东晋名士孟嘉之女。陶渊明幼时家道中落，20岁时曾经出仕，据他的《杂诗》所叙，应当在北方从军，时间长达10年。29岁时，江州刺史聘任他为祭酒，没几天就因"不堪吏职"而归田。35岁以后，迫于生计，先后出任镇军参军、建威参军等，为时都很短。41岁时，就任彭泽令，在官80余天，再次去职，自此隐迹田园，不复出仕。除了数次游宦之外，陶渊明一生的大部分时间都生活在庐山脚下，他以当地的农村生活为背景，创作了大量反映乡居生活和田园风光的诗文作品，成为中国田园诗歌的开创者，也成为九江本土的第一个大诗人，被誉为"隐逸诗人之宗"。

陶渊明田园诗的代表作有《归园田居》《饮酒》《杂诗》《咏贫士》

《和郭主簿》《癸卯岁始春怀古田舍》等，脍炙人口，古今传诵。陶渊明的文章辞赋也非常有名。宋代文学家欧阳修说，晋代没有文章，仅陶渊明的《归去来兮辞》一篇而已。陶渊明的《五柳先生传》描绘了一个傲岸潇洒的"五柳先生"，令人印象深刻。他的《桃花源记》描绘了一个别有洞天、环境优美、生活安逸、民风淳朴、人际关系和谐的理想世界，是举世皆知的名篇。

陶渊明在当时就被人们称为"寻阳三隐"（陶渊明、刘遗民、周续之）之一，去世之后，他的影响不断扩大。南朝时期，钟嵘在《诗品》中称他为"隐逸诗人之宗"，得到人们的广泛认可。梁武帝的太子萧统将陶渊明的八首田园诗和《归去来兮辞》编入《文选》。到了唐代，《文选》成为文人写作诗赋的经典范本，于是出现了众多诗人模仿陶诗的现象。大诗人李白十分崇拜陶渊明，曾说："何时到栗里，一见平生亲。"白居易担任江州司马之后，对陶渊明有了深刻认识，于是创作了"效陶诗"。在王维、孟浩然等人的推崇下，陶渊明也就成了"田园诗祖"。到了宋代，苏东坡极力推崇陶渊明，声称"吾于诗人，无所甚好，独好渊明之诗"，并大力创作"和陶诗"，由此影响到后代，出现了数以千计的"和陶诗"，成为文学史上一种独特的现象。

南朝至唐，人们普遍认为《桃花源记》所写的是一种仙境，到了宋代人们逐渐认为桃花源是一种理想的社会境界，比《老子》描述的"小国寡民"、儒家所说的"大同社会"更具吸引力。也有很多人认为桃花源是一种"心境"，心中有无限安宁、无限欢乐，则人间何处不是桃源？民国时期，著名史学家陈寅恪作《桃花源记旁证》，力图说明桃花源有实在的原型，由此激发了人们考证桃花源原型的热情。在古代，人们到了一处酷似桃花源的地方，就会把这个地方叫做"桃花源"；这种现象加上各种考证，全国各地被认为是桃花源原型的地方多达几十处。到了现代，有不少地方建设了桃花源风景区，如湖南常德桃花源、重庆酉阳桃花源、庐山康王谷桃花源等。

三国时期，嵇康、阮籍、山涛、向秀、刘伶、王戎、阮咸七人在当时山阳县的竹林之下饮酒酣歌，纵情恣意，世谓"竹林七贤"。他们以诗酒合一的形式，初步展现了酒文化的面目。陶渊明出现之后，他对酒文化的影响就超过了竹林七贤。陶渊明的诗，几乎是"篇篇有酒"；而陶渊明的酒，则鲜明体现了超越世俗的独立精神、蔑视权贵的傲岸人格、舒心快乐的生活情趣。如《连雨独饮》说自己喝了酒之后就忘了人间的"百情"，《饮酒》说自己喝了酒之后就放歌长啸，傲然自得，《移居》写自己与邻人酣饮赋诗，谈笑无已，这些都让后人倾慕不已。自此以后，人们基本上就按照陶渊明的思路来描写饮酒的乐趣，从而为中国酒文化塑造了鲜明的特征。

菊花作为一种诗歌意象，是从伟大诗人屈原开始的。陶渊明出现之后，菊花就从一种普通的花卉上升到了文化层次。陶渊明的《饮酒》曰："采菊东篱下，悠然见南山。"诗作抒写了一种远离尘世、物我两忘的心境，隐逸的情怀、傲霜的秋菊、秀美的庐山，在寥寥数语中纤毫毕现。影响之大，以致在后代诗歌中频频出现"秋菊""东篱"等意象，尤其在宋代，描述菊花成了文人的时髦之举，名句迭出，如"荷尽已无擎雨盖，菊残犹有傲霜枝"（苏轼《赠刘景文》）、"莫道不销魂，帘卷西风，人比黄花瘦"（李清照《醉花阴》）等等。通过无数文人的吟咏，菊花与养生养心、安贫乐道、凌霜傲雪等含义紧密结合在一起，成为一种重要的文化意象。

陶渊明还深刻影响了中国绘画史的发展进程。他的《桃花源记》在唐代即已入画，到了北宋，大画家李公麟创作了《归去来图》《白莲社图》《肖像图》《采菊图》等。元代书画家赵孟頫创作过《陶靖节小像》《陶潜遗事》《莲社图》《醉菊图》等画作。明清时期与陶渊明相关的画作很多，例如陈洪绶的陶渊

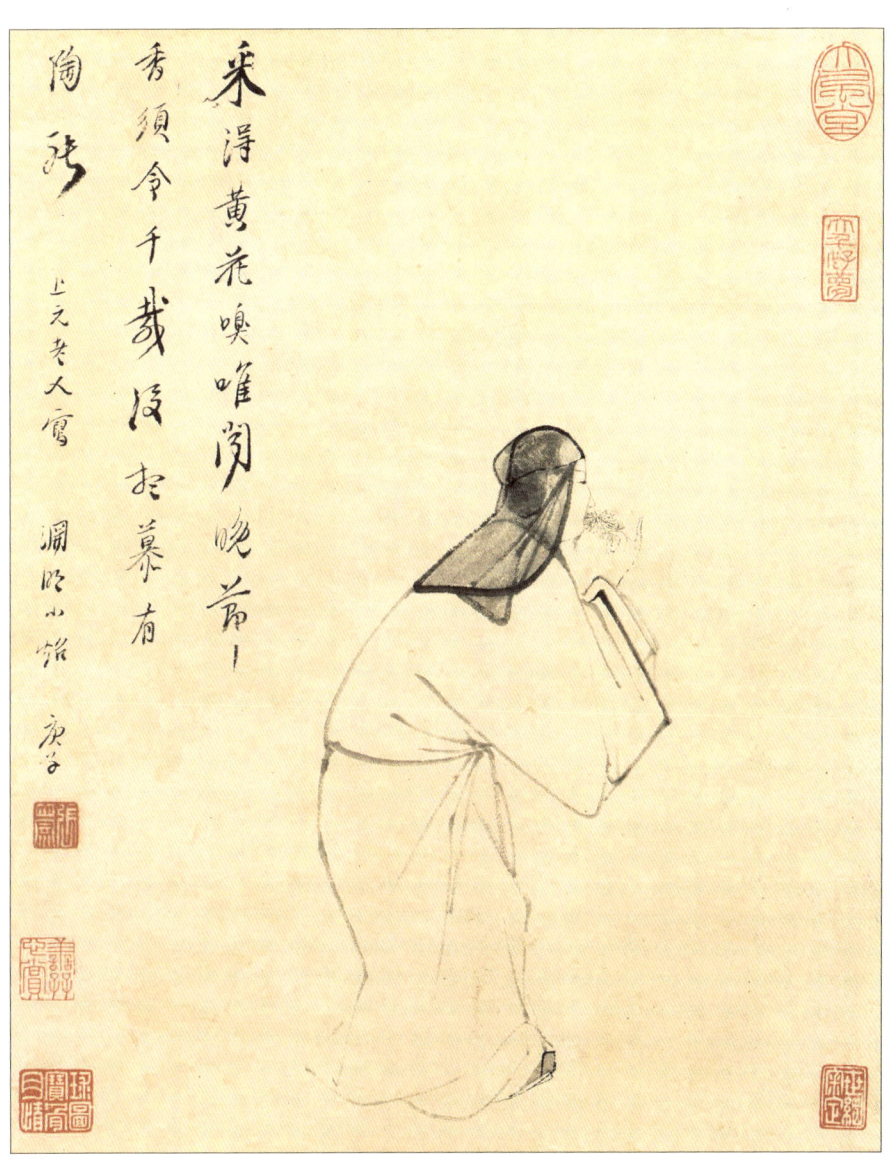

《渊明嗅菊图》 张风 / 清代（故宫博物院藏）

明画就极富特色。受陶诗及唐代山水田园诗的影响，山水画家特别关注树丛、芦苇、河水、小路、田野、老宅、水桥等乡村景色，重视写意，着力表现天人合一的情趣，呈现自然、宁静、和谐之美，由此造就了中国山水画的鲜明特征。

陶诗也成为历代书法家酷爱的题材，如苏轼、赵孟𫖯、文徵明等人皆有陶诗的书法名作。

陶渊明用充满诗情画意的笔调描绘了田园之美，催生了人们对居住环境的艺术追求。在人们看来，陶渊明笔下的园田居俨然就是一座园林，诗人在这里躬耕、灌园、弹琴、读书、饮酒、交友、赏景，充满了生活情趣，也充分体现了隐居避世、追求自由的思想。出于这些想象，在元明清戏曲小说之中，有很多对"陶渊明式"居住环境的描写，例如元代散曲所写的"五柳庄"，《三国演义》所写的诸葛亮的"茅庐"，《红楼梦》所写的"稻香村"，都具有浓重的"园田居"色彩。园林中也以呈现陶诗的意境为雅，例如苏轼将南阳菊水、武都仇池比作桃花源，歌咏了"桃源小隐""桃园""小桃坞"等园林及景点；清代皇帝在圆明园中打造了"武陵春色"等。明清时期大量的园林不仅借鉴了陶诗意境，且以陶诗来命名，如上海和泰州都有"日涉园"，海盐有"涉园"，苏州有"归田园居""五柳园"等，扬州有"寄啸山庄""耕隐草堂"等,杭州有"皋园""五柳园"等等。

初设于西汉、延续至六朝的柴桑县,在历史上留下的记载很少,然而因为诞生了陶渊明,却变成了一个闻名遐迩的文化符号,牢牢扎根在人们心里。人们把陶渊明称为"柴桑处士""柴桑老子""柴桑人""柴桑叟""柴桑翁""柴桑老",把他的风度、节操称为"柴桑风""柴桑风度",把他的归隐、归田称为"柴桑隐""柴桑归",把他的内心世界称为"柴桑心事",把他的诗集称为《柴桑诗》《柴桑集》,把他的房宅称为"柴桑宅",把他喜爱的菊花称为"柴桑菊",把以陶渊明为题材的图画称为"柴桑图"。人们到了九江,总会想起"柴桑",而"过柴桑""访柴桑"俨然已成为一件赏心乐事。

腾蛟起凤

六朝时期,湓口关战事频繁,不少名人在这里留下了足迹。到了唐朝,湓口关被废,这些名人遗迹被挪移到唐代浔阳城,如浪井、南楼等。

南楼又称"庾亮楼",是浔阳城著名的胜迹。《世说新语》记载了庾亮登临武昌南楼与人唱和的故事,因此人们都以为南楼在武昌。事实上,九江也有南楼,它原来在湓口关。《文选》收录了谢瞻的《王抚军庾西阳集别时为豫章太守庾被征还东》一诗,据唐代李善所注,谢瞻入京为官,江州刺史王弘送他到"湓口南楼",谢瞻为之赋诗一首。宋代陈舜俞《庐山记》记载了南朝陈张正见的湓城诗,其中一句是:"城花飞照水,江月上明楼。""明楼"应该就是湓口的南楼。咸和四年(329),庾亮率领大军到湓口关讨伐叛将郭默。咸和九年(334)六月,庾亮兼任江州、荆州、豫州三州刺史,亲自到庐山拜访隐士翟汤。说他登临湓口关的南楼,留下故事,自在情理之中。唐初湓城县被废,南楼被搬到了浔阳城,延续至清咸丰四年(1854)被毁,如今的庾亮楼是2007年重建的。

王羲之担任江州刺史时,迁护军将军,不肯就任,扬州刺史殷浩写信劝导之,王羲之便欣然上任了。根据这一记载,王羲之大约于永和元年(345)七月以后担任江州刺史,永和三年(347)尚在江州刺史任上;受殷浩劝导之后,当年初冬离任。王羲之在庐山归宗寺留下了"墨池""鹅池"等遗迹。归宗寺位于庐山南面金轮峰下、玉帘泉附近,原为王羲之别墅。东晋咸康年间,西域僧人佛陀耶舍来到庐山,与王羲之结识,王羲之十分推重其人,就将住宅赠给他建造寺庙,取"万法归宗"之意命名为归宗寺。

南朝宋临川王刘义庆，元嘉十六年（439）四月任江州刺史，次年十月改任南兖州刺史。在寻阳一年半的生活，为他编撰《世说新语》提供了很多素材，书中有二三十个人物故事与江州、寻阳、庐山有关。《宋书·刘义庆传》记载刘义庆在江州刺史任上生活简朴，善待百姓，延请袁淑、何长瑜、鲍照等名重一时的文人为幕僚，鲍照在此留下了《登大雷岸与妹书》这篇描绘庐山的名作。

三、唐宋繁星

一个城市的形象,既在历史进程中不断被塑造、被改变,也在文化传播中不断被描绘、被改写。经过岁月的淘洗,无数的历史事件、历史人物或许已经变得黯淡,然而文化对一个城市历史的描绘却永远鲜活。

浔阳江头客心归

唐代的浔阳县设立之后,"浔阳"就变成了九江城的专称,"浔阳江"则成为九江城外一段长江的专称。

通过众多诗人的歌咏,浔阳江充满了诗情画意,令人向往。如唐代李白《下浔阳城泛彭蠡寄黄判官》诗:"浪动灌婴井,浔阳江上风。开帆入天镜,直向彭湖东。"白居易《琵琶行》:"浔阳江头夜送客,枫叶荻花秋瑟瑟。"刘禹锡《登清晖楼》:"浔阳江色潮添满,彭蠡秋声雁送来。"

浔阳楼

黄庭坚《侯尉家听琵琶》:"恰似浔阳江上听,只无明月与丹枫。"对浔阳江的歌咏,从宋诗到元曲,再到明清小说,一直绵延不绝。在四大名著中,《水浒传》对浔阳江的描绘相当出彩,其中写宋江来到江州,登上浔阳楼,看见浔阳楼上的匾额,上有苏东坡大书的"浔阳楼"三字,对联内容是:"世间无比酒,天下有名楼。"宋江坐在浔阳楼上,凭栏举目,欣赏江天一色的风景,喝彩不已,兴致一高,酒兴一浓,便题了一首反诗:"心在山东身在吴,飘蓬江海谩嗟吁。他时若遂凌云志,敢笑黄巢不丈夫!"浔阳楼遂成为九江著名的文化地标。

狄仁杰

彭泽县在历史上以两任县令而著名,第一个是陶渊明,第二个是狄仁杰。陶渊明在任80多天,因不肯为五斗米折腰,毅然辞官归田,从此"陶彭泽"之名天下皆知。到了武周时期,名臣狄仁杰被武则天贬为彭泽令,他又一次让彭泽名扬天下。

狄仁杰(630—700),字怀英,并州晋阳(今山西太原)人,天授二年(691)九月拜相,不久酷吏来俊臣诬陷他谋反,狄仁杰为此下狱,平反后被贬为彭泽县令,在任五年之后,起用为魏州刺史,不久再次担任宰相,圣历三年(700)去世。在彭泽任上,狄仁杰向朝廷汇报了当地的灾情,朝廷减免了彭泽的赋税。离任之后,百姓为他建造了狄公祠(位于今彭泽县黄岭乡大圣塔旁),到了宋代,名臣范仲淹为之撰写了《狄梁国公祠碑记》。通过历代文学尤其是《说唐》《狄公案》等小说的演绎,狄仁杰从一个历史人物变成了传奇人物,也更加提升了彭泽的知名度。

黄庭坚

据黄庭坚《叔父和叔墓碣》,南唐之时,黄赡为著作佐郎,知分宁县,离任之后,漫游湖湘之间,晚年将全家迁到修水双井定居,双井黄氏由此起源。经历四代而有黄庶,庆历二年(1042)进士,历任晏殊、文彦博等名臣的幕僚,工诗文,著有《伐檀集》。黄庶的儿子黄庭坚(1045—

黄庭坚塑像

1105），字鲁直，自号山谷道人，晚号涪翁，洪州分宁（今江西修水）人。治平四年（1067）进士，初任叶县县尉、泰和知县等职，宋哲宗即位之后，入京担任《神宗实录》检讨官。当时旧党执政，《神宗实录》有否定宋神宗变法的明显倾向，新党重新执政之后，遂将黄庭坚当作旧党的中坚分子来打击，贬为涪州别驾、黔州安置，后来移至戎州。宋徽宗即位之后，又以幸灾谤国之罪除名，羁管宜州（今广西宜州区）。崇宁四年（1105），黄庭坚客死在宜州贬所，终年60岁。

黄庭坚故里在修水县杭口镇双井村的明月湾，这里后倚杭山，前临修河，在修河北岸半山腰的石壁上，有黄庭坚手书的摩崖石刻"双井"二字。风和日丽之时，峻峭光洁的石壁上闪烁着太阳的光泽，石壁下是波光粼粼、清澈

黄庭坚故里——双井村明月湾

见底的修河，如同一弯明月缓缓流淌，令人有无穷遐想。黄庭坚曾在《宜阳别元明用觞字韵》一诗中说"明月湾头松老大，永思堂下草荒凉"，表达了对故乡的深切思念。黄庭坚墓位于村前，为省级文物保护单位。

黄庭坚在很多诗歌中描述了双井故里，对故乡"双井茶"的歌咏尤为著名。他把上好的双井茶送给苏轼，写了一首《双井茶送子瞻》："我家江南摘云腴，落硙霏霏雪不如。""云腴"是传说中的一种仙药，后来用作茶叶的别名。"落硙霏霏"形容用石磨揉制茶叶的情景，那些纤细而带着绒毛的茶叶从石磨上纷纷掉落，就像雪花飘飞一样。苏轼喝了茶叶之后，写了一首《鲁直以诗馈双井茶次韵为谢》，称双井茶是"江夏无双"。诗人陈师道用双井茶来称赞人："子如双井茶，众口愿一尝。"欧阳修的《双井茶》说京城富贵人家喝了一口双井茶，就要夸上三天。欧阳修号"六一居士"，后

黄庭坚墓

人在西湖边的孤山上开凿了一汪泉水,就叫"六一泉"。诗人杨万里为此写了一首《以六一泉煮双井茶》,觉得用六一泉水来煮双井茶,乃是天下无双的绝配。久而久之,双井茶就成了天下闻名的茶叶品牌。

黄庭坚是江西诗派的开创者,在当时就与苏轼并称"苏黄",但两人的诗歌风格差异很大。黄庭坚写诗以杜甫为学习对象,提出了"点铁成金""夺胎换骨"等诗学主张,其创作法度严谨,说理细密,既便于学习,又典型反映了宋诗的特点,所以追随者很多,为此而形成了著名的江西诗派。相比之下,苏轼以气运笔,纵横驰骋,成就虽高,却不讲究"诗法",也没有提出系统的诗学主张,追随学习者少,所以未能形成流派。

人们通常认为,唐诗重形象描绘,通过形象来表现情感思想;而宋诗则善于表达义理,擅长议论,为此差别很大。

从魏晋到唐代，诗歌创作在表达情感、描绘形象、张扬个性、抒发想象等方面取得了无与伦比的成就，然而对人间哲理的更深把握尚有待来日。相比之下，黄庭坚的"点铁成金"，在最大程度上保留了传统诗歌在情感抒发、形象描绘方面的优点，又善于借助古人古事来实现叙事的目的，在叙事中透射出人性、人情、人理，适应了时代发展对诗歌艺术的要求。

黄庭坚的诗歌名作很多，如《登快阁》说："落木千山天远大，澄江一道月分明。"这一名联既描绘了秀丽的风景，也表达了观景的喜悦，体现了豪迈的胸襟，甚至还有人觉得它写出了一种"禅境"。丰富的内容来自精工的布局，绝非脱口而出所能做到。民国王揖唐《今传是楼诗话》评价说，若不是胸襟高远，笔力雄健，像这样的名句，哪能写出一个字来？《寄黄几复》说："桃李春风一杯酒，江湖夜雨十年灯。"宋代普闻说，这一联写尽了读书人的贫贱之境、落魄之悲、飘零之状，在多重对比中体现了冷峻的反讽之意。很显然，这种艺术效果也来自诗人的刻意安排。黄庭坚的很多诗歌中都具有一些"异样"的韵味，仔细品读，能引发很多联想和思考。

在黄庭坚的影响下，形成了最具宋诗艺术特色的江西诗派。江西诗派以杜甫为祖，以黄庭坚、陈师道、陈与义为宗，简称"一祖三宗"。宋徽宗时，吕本中作《江西诗社宗派图》，下列陈师道、潘大临等25人，后来被归入江西诗派的还有吕本中、曾几、陈与义等人。江西诗派在宋代影响极大，对后世也影响深远。江西诗派创造了与唐诗迥异的风格，导致了明清时期诗坛上的"宗唐""宗宋"之争。明代以宗唐为主，认为唐诗才是正统，宋诗喜欢说理，文采远逊于唐代；到了清朝中叶，因社会矛盾加剧，人们特别关注现实，长于说理、议论的宋诗又得到了高度评价，近代的同光体诗人就深受宋诗的影响。

黄庭坚又是著名的书法家，为宋代四大书法家"苏黄米蔡"之一。在四大家之中，黄庭坚的书法可谓是兼采众长。他既认真学习王羲之、颜真卿等人的书法，具备了深厚的功底，又吸收了苏轼书法的长处，充满了灵动的气韵，并且自成一体，体现了鲜明的创新精神。他还提出了很多书法理论，对后人学习书法颇有启发之功。

黄庭坚擅长行书，草书、楷书自成一家。传世的简札小行书有30多件，如《糟姜银杏帖》《致齐君尺牍》等，笔力雄健，气韵生动，深得晋人法书神韵。传世草书大约有18件，其中如《李太白秋浦歌十五首并跋》等巨幅长卷，诚如他自己所说的"惊蛇入草""龙蛇入笔"，宋徽宗评价"横斜高下，无不如意"，绝非"弄笔左右缠绕"的通常草书可比。黄庭坚存世的楷书作品有20多件，其中如《水头镬铭》等，既谨严沉着，又神采奕奕，颇见颜体的功底，别具一种劲健、沉雄之气。

黄庭坚很注重琢磨书法理论，尤其注重人格、人品对

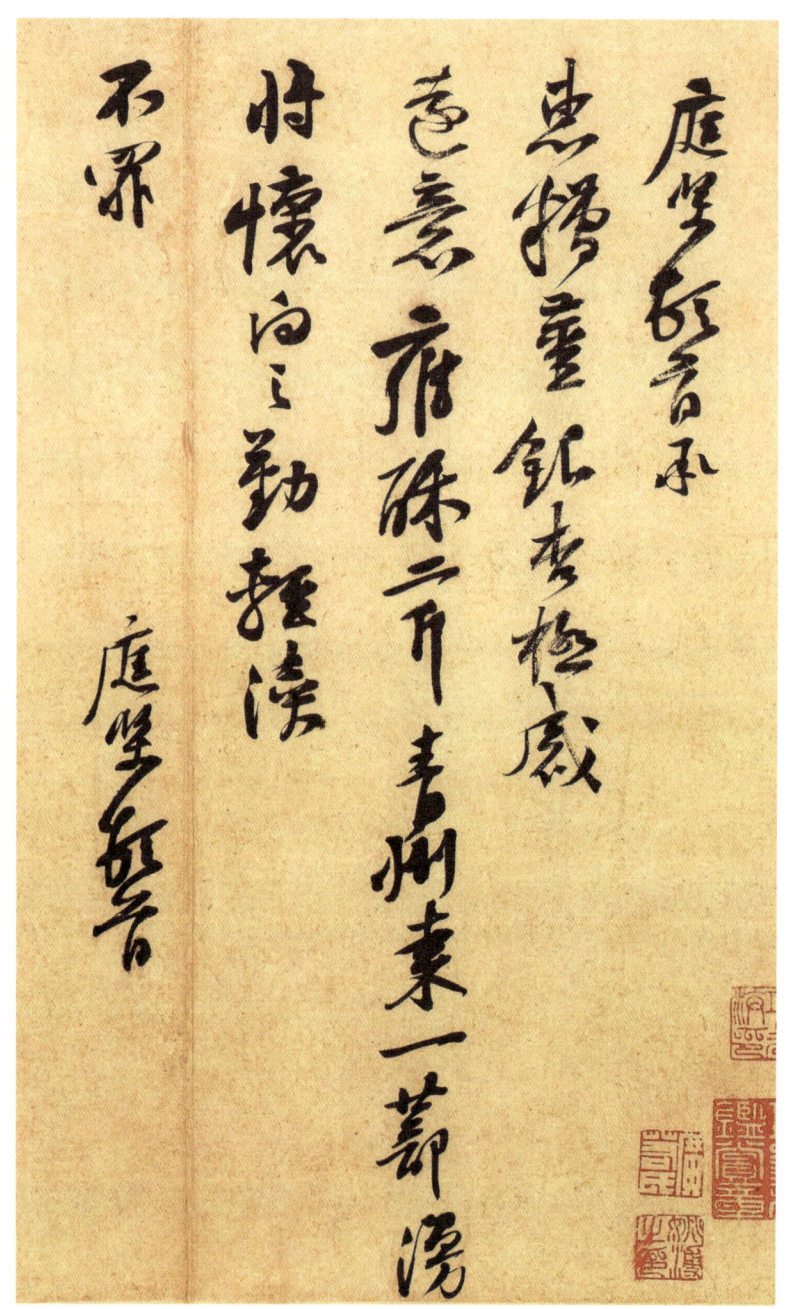

《糟姜银杏帖》局部　黄庭坚/宋代（台北故宫博物院藏）

书法的影响。他认为书法最忌讳的是"俗气"。若能饱读诗书，深悟圣贤之理，做到胸中有道义，"胸中有书数千卷"，下笔自然就不会庸俗。若是人品不行，书法再好也不足以传世。书法不能像新妇一样梳妆打扮，刻意求巧，如此只会显得很庸俗。在学习古人和时人书法的同时，他又充分注意到他人书法的长处和短处。他的草书是学时人周越的，米芾评周越书法"气势雄健而锋刃交加"，但黄庭坚也注意到周越的书法在气韵上有所欠缺。总之，他认为既要认真学习古人，又要进行创造，不能亦步亦趋。

江万里

江万里（1198—1275），初名临，字子远，号古心，南康军都昌（今都昌县）人。父江烨，理宗朝进士，曾任知县、江南东路提举常平司、大理司帅参等职。母陈氏，理学名儒陈大猷之女，陈灏之姊。江万里自小聪颖，幼年在祖父的书馆内读书，后从父教，稍长，先后游学于白鹿洞书院和隆兴府（今南昌）东湖书院。

宋宝庆二年（1226），以舍选登进士第，历任著作佐郎，权尚左郎官兼枢密院检详文字。嘉熙四年（1240）出知吉州军，其所作《劝农诗》云："父老前来吾语尔，官民相近古遗风。欲知太守乐其乐，乐在田家欢笑中。"从政之余，特别热心教育。淳祐元年（1241），创白鹭洲书院，广泛收藏图书，收授门徒，理宗御书赐匾额"白鹭洲书院"。

白鹭洲书院棂星门

当时书院没有另任山长,他自主其事,亲为诸生讲授,忘其为大府。书院学风严谨,人才辈出,文天祥、刘辰翁、邓光荐都是其中优秀的代表。第二年,迁直秘阁,知隆兴府,又在隆兴府建宗濂精舍,广聚生徒,讲学其中。因办学成绩卓著,于淳祐三年(1243)迁考功郎官,兼直秘阁,主管建康府崇禧观。

江万里秉性耿直,刚正不阿。淳祐五年十一月上书弹劾林光迁等依权附势之徒。十二月不顾主降派反对,劝说理宗启用赵葵主持兵事、陈韦单主持财政,使主战派一度得以执掌朝政。六年,他升迁监察御史兼侍讲,未几,又升殿中侍御史。这时的江万里"器望清峻,论议风采,倾动于时"。但忤者嫉妒,谤其"不孝",称其未能及时到家为母送终,江万里为此遭罚,被废十年。

宝祐三年(1255),江万里被重新启用,任福建转运使。开庆元年(1259)正月,入京湖宣抚大使贾似道幕下任参谋官。十月贾似道入相,江万里同时入朝兼国子监祭酒、侍读。景定元年(1260)迁刑部侍郎,升吏部尚书。江万里虽为贾似道所用,但他秉性耿直,经常触怒贾似道,遂于景定二年被解职,以端明殿学士的身份提举临安府洞霄宫。

咸淳元年(1265)二月,江万里任同知枢密院事兼参知政事(丞相),又与贾似道同朝。贾似道擅政,极力推行卖国主张,使疆土日削,国势日危,江万里万般无奈,只好奏请归田,未允。十二月,贾似道辞职要挟度宗,度宗涕泣,欲拜留,江万里当即以身披帝云:"自古无此君臣礼,陛下不可拜。"又一次触怒了贾。江万里与贾似道每每相忤,不得已四次上书求退。

咸淳九年(1273),江万里以76岁的高龄,再度出任荆湖南路安抚使兼知潭州(今长沙)。此时,其再传弟子文天祥任湖南提刑。夏,文天祥在潭州拜见江万里。语及国事,江万里慨然说道:"吾老矣,观天时人事当有变。吾阅人多矣,世道之责,其在君乎,君其勉之!"文天祥感动不已,流涕再拜而去。咸淳十年,元军大举侵宋,江万里观大势已去，补天无力，以疾退居饶州（今上饶）芝山，凿池于芝山后圃，名之曰"止水"，借物明志，表示将于此以身许国。

德祐元年（1275）二月，元军陷饶州，江万里从容坐守以为民望，及元军将至其第，万里执门人陈书器手与之诀别，流着泪说："大势不可支，吾虽不在位，当与国家共存亡。"言毕，偕子江镐及左右相继从容投止水而死，一时尸积如叠。后来，张世杰收复饶州，得悉其事，奏报朝廷，朝野震动，"余朝大夫其所识与不识者，闻之莫不伤心流泪"。文天祥有祭文云："星拆台衡地，斯文去矣休。湖光与天远，屈注沧江流。"宋恭帝诏赠太傅、益国公，后加赠太师，谥文忠。

四、巨擘人杰

"样式雷"

"样式雷"是对清代200多年间主持皇家建筑设计的雷姓世家的誉称,其祖籍在今永修县梅棠镇。从康熙年间到光绪末年,雷家总共有7代人担任样式房掌案(总设计师),为皇家主持宫殿、园林、陵寝以及衙署、庙宇等设计和修建工程,颐和园、中南海、圆明园、清东陵、清西陵、承德避暑山庄等都是出自他们的手笔,人称"一家样式雷,半部古建史"。

雷家从明代开始就专事营造。清康熙二十二年(1683),朝廷要修建皇家宫苑,工部营造所面向全国招募能工巧匠。当时在南京的雷发达虽然已年逾古稀,但还是应聘进了营造所。在重修紫禁城太和殿时,有一处榫卯不合,横梁无法入位,正当一众工匠束手无策之时,雷发达以惊人的勇气和精湛的技艺完美处置之,令众人折服,也让在场的康熙皇帝刮目相看,遂命他主持紫禁城重修设计。从此,200多年"样式雷"的辉煌正式开启。

雷发达所著《工部工程做法则例》《工程营造录》等,成为我国古代建筑设计的"指导典范",对中国建筑模式、建筑美学产生了重大影响。

雷氏家族真正执掌样式房始于雷金玉,他也是让雷家真正名满天下的人。雷金玉为雷发达长子,喜好钻研,勇于创新,他改进了宋代以来沿用的"斗拱"技艺,形成由"斗拱"变"斗口"的新模式。雷金玉主持修建畅春园时,其高超的技艺让康熙在《畅春园记》中为他点赞。修建圆明园时,雷金玉虽已六旬高龄,仍被雍正委以重任,任"总设计师"。雷氏家族从此迎来掌控皇家建筑的"样式雷"时代。雷金玉七十大寿时,雍正命皇太子弘历书写"古稀"二字匾额,赐予雷金玉。

雷金玉去世后,其子雷声澂尚在襁褓,故雷家不再执掌样式房。雷声澂成年后,接掌样式房,成为第三代"样式雷"传人。但由于父亲去世得早,缺少行家的指点帮助,因此技艺平平,并没有大的建树。但他培养的三个儿子雷家玮、雷家玺、雷家瑞却在后来都成为大师级人物。

乾隆曾六下江南,迷醉于江南的园林景致,在京西修建"三山五园"(万寿山、香山、玉泉山,颐和园、静宜园、静明园、畅春园、圆明园),开启了清代皇家建筑最兴盛的时代。在这些宏伟工程的设计和施工中,雷家玮、雷家玺、雷家瑞三兄弟居功至伟,他们设计了万寿山、玉泉山、香山等,并扩建了承德避暑山庄。而颐和园,更是三兄弟的代表作。三兄弟中以雷家玺尤为出色,他也成为样式房掌案。

"样式雷"为皇帝设计陵墓也始于雷家玺,位于清西陵太平峪的嘉庆"昌陵"就是雷家玺设计的杰作。

雷家玺去世时,他的儿子雷景修尚在学徒阶段,朝廷将掌案一职移交给了同行郭九。雷景修身负家族重托,他刻苦钻研,认真学习,终于在24年后凭借精湛的技艺执掌样式房。然而,时值清王朝内忧外患,他的技艺也难有用武之地。但他却干了一件大事,即整理了家族的设计图纸和烫样模型,并建了三间屋子来保存。

清同治五年(1866),雷景修病逝,雷思起继承掌案之职,为第六代"样式雷"。他一生经历道光、同治、光绪三帝,主持修建了定东陵、惠陵和西苑。因建陵有功,他被钦封五品职衔。雷思起还负责慈安、慈禧两位太后的陵寝设计和修建,并承担

雷思起像

"样式雷"天坛祈年殿建筑结构模型

了圆明园的修缮工程。雷思起积劳成疾,最终病逝于任上。

　　雷廷昌为雷思起之子,他不坠雷家威名,主持重建了天坛祈年殿、紫禁城太和门,慈禧太后万寿庆典时的点景楼台也由他设计。圆明园重修停工后,雷廷昌主持修葺"三海"(北海、中海、南海)。

　　辛亥革命后,清王朝灭亡,样式房也随之消失。雷献彩曾先后两娶,皆"无出","样式雷"也就此"终结"。

　　2007年6月20日,经联合国教科文组织认定,"样式雷"建筑图档入选"世界记忆遗产名录"。

义宁陈五杰

清雍正八年（1730），在义门陈的后裔中，有一家人从福建上杭迁徙到了义宁州安乡（今修水县宁州镇竹塅村）。蛰居在大山深处的这家人，到了清朝晚期直至现代，因出现了陈宝箴、陈三立、陈衡恪、陈寅恪、陈封怀五位著名人物而扬名天下，被称为"义宁陈"，有"一门五杰"之誉。

陈宝箴（1831—1900），谱名观善，字相真，号右铭，晚年自号四觉老人。20岁时中举，在太平天国起义期间因操办团练有功，得到曾国藩的赏识及保举，光绪年间累官至湖南巡抚。治湘期间，他重视创办教育，培养人才，他曾说："国势之强弱，系乎人才；人类之消长，存乎学校。"时务学堂之设，他亲自主持筹备工作，选聘具有改良思想的人士主持教席。黄遵宪、谭嗣同等在长沙成立"南学会"，"讲爱国之理，求救亡之法"，陈宝箴率地方官吏参加开讲典礼，为之倡导鼓吹。又与张之洞联袂奏请革新科举考试，主张先考中国史事、国朝政治，次考时务包括各国之政及专门之艺，诸如地理、学校、财赋、兵制、商务、刑律以及格致、制造、声光、化电等，再次才考四书五经，三场均优者，始为中式。在经济上，陈宝箴认为凡是有补国计民生者，皆应"尽其力所能及"而"次第推广"。以此大力主张开发湖南矿业，开设湖南矿务总局，创建常宁水口山铅锌矿、新化锡矿山锑矿、益阳板溪锑矿、平江黄金洞金矿等大型官办企业，还与长沙绅士王先谦、张祖同、杨巩、

修水陈家大屋

黄自元等创办了和丰火柴公司及宝善成机器公司,开湖南近代工矿业之先河,对当时湖南特别是长沙的社会经济起到了开风气的作用。

陈三立(1853—1937),陈宝箴长子,字伯严,号散原,与谭嗣同、徐仁铸、陶菊存并称为"维新四君子"。戊戌政变时,陈三立以"招引奸邪"之罪被革职,之后积极投身于社会公益事业,创办创新式学校。1937年七七事变后,日寇占领北京,陈三立"绝食抗议,不食而死"。陈三立为近代同光体诗派的领袖。郭延礼《中国近代文学发展史》认为,在陈三立的《散原精舍诗集》中,最值得珍视的是那些反映国事的诗作。陈三立主张于奇崛中见平淡,认为好诗经过千锤百炼,看上去又似自然天成。陈三立为近代诗坛上一位有影响、有成就的旧派诗人。

陈衡恪（1876—1923），陈三立长子，字师曾，号朽道人、槐堂。曾任北京美术学校及美术专门学校国画教授，代表作《文人画之价值》，是20世纪以理论形式肯定中国文人画的第一人。擅长山水、花卉、虫鸟、人物，兼长雕刻、书法、诗文，是近代著名画家、艺术教育家。

陈寅恪（1890—1969），陈三立三子，字鹤寿。曾任清华大学、西南联合大学、中山大学教授，中央文史馆副馆长。与梁启超、王国维、赵元任并称清华"四大国学导师"，与吕思勉、陈垣、钱穆并称为"前辈史学四大家"。

修水五杰广场

陈三立像　　　　　　陈衡恪像　　　　　　陈寅恪像

陈寅恪一生致力于魏晋南北朝及隋唐史的研究，对佛经翻译、校勘、解释，以及对音韵学、蒙古源流、李唐氏族渊源、府兵制源流、中印文化交流等课题的研究，均有重要发现。著有《隋唐制度渊源略论稿》《唐代政治史述论稿》《元白诗笺证稿》《金明馆丛稿》《柳如是别传》《寒柳堂记梦》等。1969年逝于广州。2003年，陈寅恪夫妇的骨灰被移葬在庐山植物园，成为人们凭吊、瞻仰的名胜。

陈封怀（1900—1993），陈衡恪次子，号时雅。1926年毕业于东南大学（今南京大学），曾任庐山植物园、南京中山植物园、武汉植物园、华南植物园主任。植物分类学家，中国现代植物园的主要创始人，被誉为"中国植物园之父"。

修水县桃里的义宁陈氏故居，现在保存完好，被列为县级文物保护单位，人称"陈家大屋"。陈家大屋依山而建，屋后是青山翠竹、鸟语花香，屋前是平畴绿野，溪水长流，四围青山环绕，山口一径通幽。陈家大屋两栋相连，左边一栋为陈宝箴的祖父陈克绳所建，大门正中挂着"凤竹堂"牌匾。右边一栋为陈宝箴中举后所建。为了纪念"一门五杰"，修水县政府在县城修建了五杰广场，拨款维修了陈家大屋，并多次举办"一门五杰"的学术研讨和文化交流活动。

李烈钧

李烈钧（1882—1946），中国民主革命者。江西武宁人，原名烈训，字协和，号侠黄。江西武备学堂肄业。1904年（清光绪三十年）赴日本学习军事。1907年加入同盟会。次年回国，任江西新军管带。后至云南，任讲武堂教官、兵备道提调、陆军小学堂总办。武昌起义后回九江，被推为九江军政分府参谋长，旋率军赴安庆，被举为安徽都督。1912年被孙中山任命为江西都督。1913年3月宋教仁被刺后，组织讨袁（世凯）军，任总司令，7月12日在湖口宣布独立，通电讨袁，掀起"二次革命"。事败后亡命海外。1915年回国，参加护国、护法运动及北伐战争等。1924年

李烈钧像

拥护孙中山"联俄、联共、扶助农工"三大政策,在国民党第一次全国代表大会上当选中央执行委员。后历任国民军总参议、江西省政府主席、国民政府委员兼军事委员会常委。九一八事变后主张对日抗战。

黄远生

黄远生(1885—1915),江西九江人,名基,字远庸,笔名远生,近代著名新闻记者。

黄远生出身书香门第,早年就读于南浔公学,1903年连中秀才、举人,1904年中三甲第81名进士。后获准赴日本留学,入中央大学专攻法律,一度被选为江西留日同学会会长。1909年回国,历任邮传部员外郎、参议厅行走、编译局纂修、法政讲习所讲员等职,余暇常为报刊撰稿。辛亥革命后,辞官专一从事新闻工作。

1912年,袁世凯窃国篡权后,黄远生与张君劢、蓝公武3人在北京合办《少年中国周刊》,撰文抨击袁世凯。1913年5月,《论衡》周刊在北京创刊,为主要编辑及撰稿人。1914年1月,接任《庸言》月刊(自第2卷起)编辑人。此外,还先后兼任上海《东方日报》

黄远生像

《时报》《申报》驻京特约记者,并为北京《亚细亚日报》《国民公报》、上海《东方杂志》等报刊撰稿。所写《官迷记》《外交部之厨子》《三日观天记》《北京之新年》《囍日日记》等大量新闻通讯,对民国初年政局的黑暗和官场的腐败,作了忠实的记录和辛辣的嘲讽,绘声绘形,栩栩如生,深受读者喜爱。

1915年夏,在袁世凯称帝之前,曾应允担任袁氏《亚细亚日报》上海版总撰述。当筹安会成立、"国体问题"发生后,即于同年9月初立行辞职出京,并在上海各报登出启事,"声明脱离关系""以清界限"。10月24日由沪乘轮船经日本赴美,11月下旬入美境,12月25日晚在旧金山上海楼晚餐后被中华革命党美洲总支部负责人林森指派刘北海枪杀。

黄远生以"脑筋能想""腿脚能奔走""耳能听""手能写"的"四能"记者自勉,是我国第一个以写新闻通讯而闻名于世的新闻记者。遇刺后,友人将其新闻作品辑为《远生遗著》四卷,该书是我国历史上第一部以报刊通讯为主的文集。

许德珩

许德珩(1890—1990),字楚生,江西德化县(今九江市)人。少年饱读诗书,清末加入同盟会,1913年参加"二次革命",1919年参加五四运动。之后赴法勤工俭学,接受了马克思主义。1927年回国之后，在中山大学、大陆大学任教，积极投身学生爱国运动，1946年担任九三学社常务理事，1949年代表九三学社参加全国政协第一次会议，积极参与制订《中国人民政治协商会议共同纲领》和建立中华人民共和国的工作。中华人民共和国成立以后，历任九三学社第一、二届中央理事会主席，第三、四、五、六、七届中央委员会主席；第八届中央委员会名誉主席，第一届全国人民代表大会常务委员会委员，第二、三届全国人大代表，第四、五、六届全国人大常委会副委员长。

徐宝璜

徐宝璜（1894—1930），字伯轩，江西九江人，著名新闻学者和新闻教育家。

1912年北京大学毕业后，考取公费留学生赴美国学习，入密歇根大学攻读经济学、新闻学。1916年回国后，在北京《晨报》任编辑，后在北京大学任教授兼校长室秘书。1918年10月14日，与北大校长蔡元培等发起成立北京大学新闻学研究会，被推为副会长、新闻学导师和会刊《新闻周刊》（次

徐宝璜像

年 4 月 22 日创刊）编辑主任，并代会长蔡元培主持日常会务工作，定期为会员讲授新闻学基本知识。1918 年起，还在北大政治系增设并主讲新闻学课程，供文科各系学生选修，实开我国新闻学正规教育之先河。

1919 年 12 月，徐宝璜所著《新闻学》一书由北京大学新闻学研究会正式出版，被蔡元培称为我国新闻界的"破天荒之作"，是中国人自己写的第一部新闻学专著（该书出版前曾从 1918 年 9 月起先后在《东方杂志》《北京大学日刊》和《新中国》杂志上以《新闻学大意》名称刊载过，1930 年 10 月又改名为《新闻学纲要》出版）。从 1920 年起，先后在民国大学、朝阳大学、中国大学、平民大学等校兼职教授新闻、经济等方面课程，并任平民大学新闻系主任。1924 年 4 月，与胡愈之合著的《新闻事业》一书由商务印书馆出版。1926 年"三一八惨案"时，以发表激烈言论触怒皖系军阀，被北洋政府列入缉捕名单。

1930 年 6 月 1 日，徐宝璜因脑溢血症在北平逝世。徐宝璜因其在新闻教育界的开拓性工作，而被誉为中国"新闻教育第一位的大师"和"新闻学界最初的开山祖"。

袁隆平

袁隆平(1930—2021),江西九江市德安县人,享誉海内外的著名农业科学家,中国杂交水稻事业的开创者和领导者,"共和国勋章"获得者。

1930年9月7日,袁隆平出生于北京。1949年8月考入重庆相辉学院农学系。1950年11月,他就读的农学系并入西南农学院。1953年7月,袁隆平毕业,被分配到湖南怀化的安江农校任教。

1959年,袁隆平开始将水稻纯系选育和人工杂交试验作为自己的科研课题。1960年,他在试验田里偶然发现一株天然杂交稻,由此萌发了利用这种杂交优势提高水稻产量的设想。他设计了一整套培育人工杂交稻的方案:先培育不育系、保持系和恢复系,然后通过"三系"配套进行循环杂交,完成不育系繁殖,进行杂交制种并用于大田生产。

从1964年到1965年,袁隆平与科研小组在稻田里找到了6株天然雄性不育的植株,并成功繁殖了第一、第二代雄性不育植株种子。1970年秋带领科研小组来到海南岛崖县南江农场,找到了野生雄性不育株——"野稗"。1972年选育出了一批不育系和保持系。1971年春,袁隆平调到湖南省农业科学院杂交稻研究协作组工作。1973年,协作组通过测交找到了恢复系。1975年,袁隆平攻克了"制种

袁隆平

关",成功总结出了制种技术。1976年,杂交水稻成功推广。1977年,袁隆平发表了《杂交水稻培育的实践和理论》《杂交水稻制种与高产的关键技术》两篇重要论文,确定了其作为我国杂交水稻研究领军人物的地位。

袁隆平在杂交水稻技术的研究、应用与推广方面取得丰硕的成果,发明了"三系法"籼型杂交水稻,成功研究出"两系法"杂交水稻,创建了超级杂交稻技术体系。袁隆平于1995年被选为中国工程院院士,2000年获国家最高科学技术奖,2004年获沃尔夫农业奖、世界粮食奖,2013年获第四届中国消除贫困奖终身成就奖，2018年获改革先锋称号，2019年被授予"共和国勋章"。

2004年，袁隆平获颁"世界粮食奖"，世界粮食奖赞扬"袁隆平教授以30多年卓杰研究的宝贵经验和为促使中国由粮食短缺转变为粮食充足供应做出了巨大贡献，他正在从事的'超级杂交稻'研究，为保障世界粮食安全和解除贫困展开了广阔前景；他的成就和远见卓识，还营造了一个粮食更为富足、粮食安全具有保障的更加稳定的世界"。

袁隆平是我国研究与发展杂交水稻的开创者，也是世界上第一个成功利用水稻杂种优势的科学家，在世界范围内有广泛的影响，被誉为"杂交水稻之父"。

2021年5月22日，袁隆平在湖南长沙去世，享年91岁。

第三章 庐山画卷

LUSHAN
HUAJUAN

自古以来，庐山以其秀美的山水，吸引了无数文人骚客、高僧名士在这里驻足流连，他们濯缨山泉，漫步云中，兴之所至，必有吟咏，积涓滴以成江河，久而久之，就形成了异彩纷呈的庐山山水文化。庐山山水文化发轫于东晋南朝的山水诗及陶渊明的田园诗，到唐宋时期蔚为大观，出现了李白、白居易、苏轼等人的名作，历元明清而至民国，积累了16000多首山水诗词、170多篇游记，居全国名山之首，也成为中国山水文学的重要组成部分。

在华夏大地上，庐山是一座独特的名山，山中宜居宜游，布满了各种建筑，自然景观、人文景观相得益彰。庐山上的建筑形态丰富，有佛寺、道观、教堂、书院等，尤其是近现代西式别墅，堪称中国园林艺术与西方建筑艺术相结合的典范。

庐山的画卷上不仅有诗意山水的浪漫和别墅庄园的和谐，更有中国人不屈的脊梁。全面抗战爆发后，庐山上吹响了全民族抗战的号角。面对日寇的入侵，中国军民携手御侮，在庐山进行了顽强的抗争，沉重打击了侵略者的嚣张气焰，在中国抗战史上写下了浓重的一笔。

一、诗漾山水

东晋咸安三年（373），高僧慧远自北方辗转来到庐山，在庐山北麓兴建了东林寺，开创了净土宗。酷爱山水的他，创作了《游庐山》诗，描述了自己在崇山峻岭中悠游而感悟天地之理的情状。他的《庐山记》描摹庐山层峦叠嶂之雄峻、鸟兽草木之奇异，记载了一些历史传说，是不可多得的佳作，其中描述即将下雨之时，就有白气聚集在山下，飘忽在山间，一旦碰上岩石，就变成了满山的云雾，显得十分神奇。在慧远的倡导下，刘遗民、王乔之、张野和庐山诸道人都创作了游庐山诗，留下了最早一批吟咏庐山的诗歌作品。

山水诗之滥觞

隐逸诗人之宗陶渊明一生大部分时间生活在庐山脚下，

成为九江本土第一个大诗人。他以当地的农村生活为背景，创作了大量反映乡居生活和田园风光的诗文作品，成为中国田园诗歌的开创者。陶渊明的田园诗，取材于庐山脚下的田园风光，处处闪烁着庐山的倩影，例如"种豆南山下""悠然见南山"等，都以庐山风光为背景，为庐山山水增添了无限光彩。

大诗人谢灵运（385—433），为人狂放褊狭，在官场屡遭挫折，却好为山泽之游，踏遍了东南山水，是历史上第一个大量创作山水诗的诗人。晋安帝义熙七年（411），谢灵运随刘毅赴任江州（今九江），在这里居驻一年有余，其间多次到访庐山。在东林寺，年轻气盛、恃才傲物的谢灵运见到了高僧慧远，"肃然心服"，要求加入莲社，却被慧远婉言拒绝。此举不但没有激怒谢灵运，反而令谢灵运对慧远更加崇敬。慧远圆寂之后，谢灵运作《远公祖师塔铭》，极力称道慧远的"德深道广"。元嘉八年（431），谢灵运赴任临川内史，还特意造访庐山，并作《庐山慧远法师诔》，可谓至情至性。庐山的秀美山水，深深吸引了谢灵运，他的庐山山水诗作今存两首。一首是《登庐山绝顶望诸峤》，为其第一次到江州所作；另一首是《入彭蠡湖口》，为其赴任临川内史途经鄱阳湖时所作。《登庐山绝顶望诸峤》一诗明丽清新、语言流畅，完全摆脱了玄言诗的影响，而且很有气势。特别是"昼夜蔽日月，冬夏共霜雪"一联，将庐山高峰蔽日的雄奇、冬夏共雪的气候写

《庐山观莲》上官舟/清代，图中端坐者为谢灵运

得颇为传神。在贬官临川内史时所作的《入彭蠡湖口》，则将伤今悼古的感喟与庐山的绿野、高岩、白云融合在诗情画意中，显得无限凄艳，成为早期庐山山水诗的重要代表作。

谢灵运之后，著名诗人鲍照、吴迈远、范云、何逊、江淹、刘孝绰、庾肩吾、阴铿等纷至沓来，留下了许多吟咏庐山山水的诗作,其中鲍照的《登庐山》、江淹的《从冠军建平王登香炉峰》等尤为著名。

名人咏庐山

唐代是中国古典诗歌发展的黄金时代,也是山水诗繁荣发达的时期。这一时期吟咏庐山山水者众多而且名作迭出,《庐山历代诗词全集》收录唐至五代的庐山诗作者208人,诗歌1035首,其中以李白、白居易山水诗最为著名。

唐代伟大诗人李白一生浪游大川名山,先后五次登上庐山,曾一度在屏风叠隐居。其间李白创作了多篇关于庐山的名作,如《望庐山瀑布》:

日照香炉生紫烟,遥看瀑布挂前川。
飞流直下三千尺,疑是银河落九天。

此诗生动形象地描绘了庐山东南瀑布如同银河倒泻、直落霄汉的雄奇景观,历来被视为瀑布诗中首屈一指的佳作。又如《庐山谣寄卢侍御虚舟》描写庐山绝顶所见的壮观景色:"登高壮观天地间,大江茫茫去不还。黄云万里动风色,白波九道流雪山。"更是大气磅礴,极具感染力。

唐宪宗元和十年(815),大诗人白居易因遭诬告而被贬为江州司马,在江州先后待了四个年头,为九江和庐山留下了诸多名篇。

琵琶亭

　　元和十一年秋，白居易到江边送客，听到了一条船上琵琶女的演奏，有感而发，写下了千古名篇《琵琶行》，抒发了"同是天涯沦落人，相逢何必曾相识"的感慨。后人在他送客的地方建起了琵琶亭，使九江市多了一个著名的文化景点。

　　在江州任上，白居易给挚友元稹写了一封长信《与元九书》，总结了"文章合为时而著，歌诗合为事而作"的诗歌创作原则，成为文艺批评史上的名篇。白居易拜谒了庐山脚下的陶渊明故居，写下了感情真挚的《访陶公旧宅》，有"每逢姓陶人，使我心依然"之句。而游览大林寺所作的《大林寺桃花》则流传更广："人间四月芳菲尽，山寺桃花始盛开。长恨春归无觅处，不知转入此中来。"白居易还在东林寺对面的香炉峰构筑草堂，作《庐山草堂记》，抒写了看山看水、旁观竹树、仰视飞云的乐趣，成为庐山山水文学的名篇。

两宋之时，庐山山水文化更为繁盛。《庐山历代诗词全集》收入宋代庐山诗1621首，作者297人。唐宋八大家中的宋六家欧阳修、苏洵、苏轼、苏辙、王安石、曾巩，"江西诗派"的领袖黄庭坚，南宋"中兴四大诗人"中的陆游、杨万里、范成大，两宋理学名家周敦颐、朱熹，诗词名家王禹偁、范仲淹、梅尧臣、孔武仲、晁补之、秦观、张耒、王十朋、张孝祥、周必大、刘克庄、谢枋得、戴复古、刘过等都曾游历庐山，给庐山留下了大量的山水诗词。

在宋代众多的作品中，欧阳修的《庐山高赠同年刘中允归南康》是歌咏庐山的名篇，诗歌以纵横跌宕之笔，描绘了庐山的雄浑气势："庐山高哉几千仞兮，根盘几百里，截然屹立乎长江。"而苏轼的《题西林壁》则深蕴哲理，耐人寻味："横看成岭侧成峰，远近高低各不同。不识庐山真面目，只缘身在此山中。"在文学史上，唐诗以意境取胜，宋诗则长于理趣，而苏轼此诗，恰好就是以理趣取胜的代表作之一，影响久远，而"庐山真面目"也成了事物真相的代名词。

从六朝到近现代，有关庐山的诗词歌赋，其内容无不由两部分构成：一是歌咏庐山的山水，二是歌咏庐山的古人古事。在唐朝以前，庐山著名的文化古迹不多，歌咏者也少，歌咏对象主要集中在东林寺和简寂观上。到了唐朝，歌咏庐山的作品猛增，而产生于东晋至南朝的东林寺、西林寺、栖贤寺、简寂观、陶渊明旧宅等已被当作文化古迹来歌咏。两宋时期，歌咏庐山古迹的诗歌兴旺。南宋著名理学家朱熹知南康军（治所在今庐山市）期间，写下了大量赞美庐山、鄱阳湖的诗文，仅诗歌就近100首。朱熹特别喜欢歌咏庐山古迹，如南康的爱莲池、濂溪祠，陶渊明的醉石，落星墩等，庐山之南的李氏山房、开先寺、归宗寺、万杉寺、简寂观、温泉、康王谷、卧龙潭、三峡桥、白鹿洞等，庐山之北的圆通寺、东林寺、西林寺、太平兴国宫、濂溪书堂等，还有庐山上的天池等，综合起来简直就是一本诗歌体的《庐山志》。朱熹在文学上的成就逊于他在理学上的成就，但对庐山古迹的歌咏有其独特价值。如他兴建陶渊明的归去来馆，作《陶公醉石归去来馆》，使陶渊明的醉石名声大噪，瞻仰者甚多，也催生了众多的"醉石诗"。

元明清时期对庐山古迹的歌咏特别多，尤其值得关注的是对白鹿洞书院的歌咏。据《白鹿洞书院古志五种》（中华书局1995年出版）、《庐山历代诗词全集》（上海古籍出版社2010年出版）、吴国富编纂的《新纂白鹿洞书院志》（江西人民出版社2015年出版），历史上歌咏白鹿洞书院的诗歌多达860首，赋也有20余篇，远远超过对庐山其他名胜古迹的歌咏。在唐代，白鹿洞的开山洞主李渤作有《喜弟淑再至为长歌》，大诗人白居易作有《题别遗爱草堂兼呈李十使君》。南唐庐山国学时期，王贞白的《白鹿洞》最为有名，家喻户晓的名句"一寸光阴一寸金"就出自此诗。

据《白鹿洞志》，万历辛巳年（1581），有紫霞真人至白鹿洞，作《游白鹿洞歌》。紫霞真人为谁，说法不一，但其《游白鹿洞歌》将自己清高脱俗的胸襟气度与伟岸的五老峰奇景结合起来，既作了自我抒写，也对超然于名利之上的古人做了再创造式的描绘，成为白鹿洞诗歌中传诵最广的一首佳作：

何年白鹿洞？正傍五老峰。
五老去天不盈尺，俯窥人世烟云重。
我欲揽秀色，一一青芙蓉。
举手石扇开半掩，绿鬟玉女如相逢。
风雷隐隐万壑泻，凭崖倚树闻清钟。
洞门之外百丈松，千株尽化炎苍龙。
驾苍龙，骑白鹿，泉堪饮，芝可服。
何人肯入空山宿？空山空山即我屋。
一卷黄庭石上读。

徐霞客与庐山

游记也是庐山山水文化的重要组成部分。民国时期，吴宗慈编撰《庐山古今游记丛钞》，收录庐山游记30多篇。

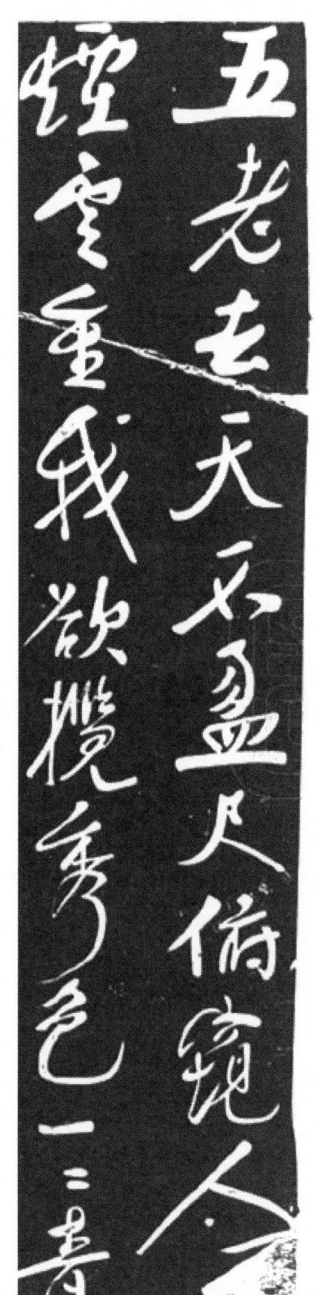
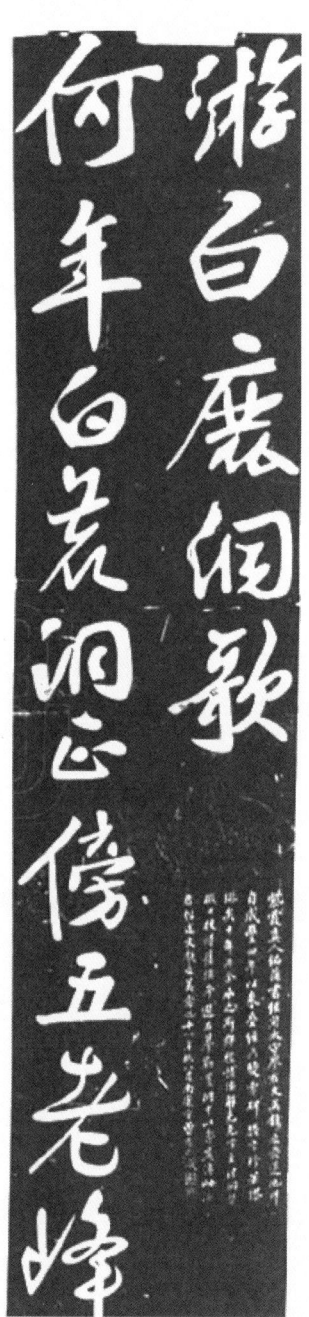

白鹿洞碑碣《游白鹿洞歌》（局部）

近年来，九江学院滑红彬老师致力于搜集整理庐山文献，共得庐山游记176篇，其中东晋至清代105篇，民国时期71篇，堪称洋洋大观。其中如慧远的《庐山记》，白居易的《游大林寺序》，周必大的《庐山录》《庐山后录》，以及陆游《入蜀记》中记载游览九江、庐山的部分，《徐霞客游记》中的《游庐山日记》，胡适的《庐山游记》，都是游记文学中的名篇。

徐霞客（1586—1641），名弘祖，字振之，号霞客，南直隶江阴（今江苏江阴）人。他从20多岁开始出游，30多年间，足迹遍及当时14个省份（现19个省区市），留下了60多万字的《徐霞客游记》，被誉为"千古奇书"。

万历四十六年（1618）八月十八日，32岁的徐霞客第一次游览了庐山。他先坐船经过龙开河、八里湖，然后登陆，到西林寺、东林寺。第二天，他在向导的带领下直奔庐山石门涧。

石门涧在庐山之北，因天池山、铁船锋对峙如门而且内有飞瀑而得名。徐霞客游庐山石门涧，攀缘了一条陡峻雄奇的古道"百丈梯"，他自豪地说："自古至今，由此登天池者，霞客外并无二人。"在徐霞客笔下，石门涧奇峰耸立，争奇竞秀，云雾缥缈，使得山峰更加神奇，而瀑布飞溅，喷雪奔雷，则使石门涧充满了活泼灵动的趣味。上了山顶之后，徐霞客游览了大天池附近的聚仙亭、文殊台、白鹿升仙台、佛手岩、访

石门涧

仙台等古迹。当他看到石壁上写着"竹林寺"三个字的时候，恰逢云雾弥漫开来，满山飘忽，如同"海上三山"，更让他感受到庐山景致的虚实相生，缥缈神奇。

八月二十日早晨，徐霞客从天池寺出发，登文殊台，俯瞰铁船峰。此时雾散天晴，一望无际。匍匐在庐山北面的群山，如同蚂蚁一般。鄱阳湖大水洋洋，长江像一条玉带一样蜿蜒在天边。壮美的景色，使徐霞客兴致大增，便再次游历了石门涧。石门精舍的住持容成和尚被这位勇敢的旅行家所感动，引导他遍游了附近诸峰，见到了涧水奔流的龙宫和松竹掩蔽的金竹坪。当日下午，徐霞客登上仰天坪，观察了山脉的分合、水道的源流。他想继续攀登汉阳峰，一问还有十来里路，且峰顶没有住宿之处，便在汉阳峰脚下的竹影寺住了一晚。

八月二十一日，徐霞客从小路直奔汉阳峰。一路上，他攀茅草，拉荆棘，涉溪流，穿林莽，终于攀上汉阳峰，感到无比畅快。在峰顶南望鄱湖，"水天浩荡"；东瞻湖口，西望建昌，所有的山峰无不俯首称臣。只有北面的桃花峰"铮铮比肩"，但依然没有汉阳峰高。之后他又马不停蹄，攀上了五老峰，见五老峰各自雄奇，互不相让，不由得感叹："真雄旷之奇绝观也！"从五老峰下来，不顾道路艰险，徐霞客又直往三叠泉而去。一路从竹修枝，葱郁上下，时时看见飞石点缀其间。

徐霞客诞生四百周年纪念邮票

在瀑布前面，他听到了如同雷鸣一般的响声，感觉到心怖目眩的快意。下山后，徐霞客来到栖贤寺，过三峡涧，再到白鹿洞，饱览山南的风景。

  徐霞客是大旅行家，对于山水风景的欣赏很有品位。他游览庐山，除了地理考察之外，也从文学的角度对山水美景作了生动的描述，以文字形式构造了画一般的境界，既展现了山水自身的美感，又给人以艺术的享受。

二、白鹿洞书院

在中国古代,书院教育是主要的教育形式之一。据统计,中国历史上曾产生过7000多座书院,其中江西书院超过1000所,其中有很多著名书院。北宋时期,周敦颐退居庐山北麓,建濂溪书堂,程颢、程颐兄弟从之学,理学得到传承和发扬,周敦颐被尊为理学开山之祖,濂溪书堂则成为理学教育的开端。南宋之时,朱熹重建白鹿洞书院,订立《白鹿洞书院揭示》,立下传承千年的学规,成为书院教育的经典之论。朱熹重建白鹿洞书院时,确立了以祭祀、讲学、藏书为中心的书院规制,成为历代书院的样板。白鹿洞书院对中国古代书院的发展做出了不可磨灭的贡献,在中国古代教育史上具有重要地位。

白鹿洞书院位于庐山南面的五老峰脚下。唐代贞元年间（785—805），洛阳人李渤与兄长李涉隐居读书于白鹿洞，成为白鹿洞最早的开辟者。李渤养了一只白鹿，形影不离，因而人称白鹿先生，白鹿洞也因此得名。之所以称为洞，是因为这里四山环合，地势低洼，好像一个朝天的洞穴。李渤入仕之后，曾任江州刺史，又在白鹿洞创建台榭，疏浚水道，广植花木，使这里成为一处名胜。南唐升元年间，白鹿洞建立了庐山国学（也叫"白鹿国庠"），由国子监九经李善道担任洞主，有学徒上百人，盛极一时。南唐灭亡之际，江州惨遭屠城，庐山国学亦废，入宋之后重建，但到北宋中后期又荒废了。

南宋淳熙六年（1179），著名理学家朱熹知南康军，决意重建白鹿洞书院。通过多方努力，修建了大门、书堂（讲堂）、东西二斋、白鹿洞馆、勘书台上亭、贯道桥等，房屋有20多间，后来又争取到了皇帝的赐额，至此白鹿洞书院初具规模。之后历任南康知军都有修建，完善了书院的各种建筑和设施。入元之后，白鹿洞书院遭遇火灾，不久重修。元顺帝至正十一年（1351），天下大乱，白鹿洞书院也彻底毁于兵燹。

明英宗正统年间，南康知府翟溥福重建书院，延师授徒。天顺六年（1462），江西提学佥事李龄大规模修复扩建白鹿洞书院，从此白鹿洞书院走上了正常的发展道路。明清两朝，书院多次得到重修，但从清朝中叶开始，书院的教

白鹿洞书院

学活动渐趋衰落。光绪二十七年（1901），清廷下诏改全国书院为学堂。宣统元年（1909），白鹿洞书院停办，改为江西高等林业学校。中华人民共和国成立以后则一直归属于林业农垦部门管理。从1980年到1996年，对白鹿洞书院进行了五期维修工作，基本上恢复了书院的原貌。现在的白鹿洞书院是一个对外开放的旅游名胜，也是一个社会各界开展文化活动的理想场所。

南宋淳熙年间，朱熹重建白鹿洞书院并开设书院教育，制订《白鹿洞书院揭示》（通称《白鹿洞规》），阐明其教学宗旨是"讲明义理，以修其身，然后推己及人"。围绕这个教学目标，形成了一套较为系统的学习方法。自此以后，《白鹿洞规》扬名天下，成为天下书院通用的学规。

朱熹确立了代表书院教育特色的"讲学"原则，最有名的一次是请著名理学家陆九渊来书院开讲《论语》。明清时期，书院的常规教学制度是"会讲"和"会文"，但最引人注目的还是众多学者和名人在这里举行的讲学。明正德十五年（1520）宁王之乱平定以后，王守仁组织一班弟子在白鹿洞举行了一次大规模的会讲，重点在于用心学理论来破解朱熹的《白鹿洞规》，成为明代最有名的一次讲学。

朱熹和陆九渊争论的核心内容是"义利之辨"。陆九渊在书院讲学时指出，如果一个人立志于"义"，就会培养出体现仁义的行为习惯；如果立志于"利"，就会培养出追逐利益的行为习惯。明代的讲学者都特别强调士人不能局限于一己私利，而应当具有胸怀天下的情操、经纶济世的谋略，以天下为心，以众生为怀。此外，历代书院的修建者、洞主、讲学者也特别注重在清幽的书院环境中净化心灵，面对松风泉韵，诚心学习，沉浸在仁义之理的思考和钻研之中。

从南宋到明代前期，白鹿洞书院都以程朱理学为教学内容。程朱理学的核心是"格物致知",所谓的"物",主要是指古代社会的"五伦关系";所谓的"知",主要就是基于这些社会关系得出的社会生活之理。然而到了明代中叶以后,封建社会关系已经呈现瓦解之势,以往的社会经验再也不能奉为圭臬了,因此阳明心学应运而生,其核心理论"致良知"蕴含了"根据社会变化去独立思考、寻求与时俱进的社会真知"这种精神。嘉靖年间,阳明心学的教育在书院占了上风,乃至一度成为主流。清朝建立以后,高压的文化政策下,"宋学"最终沦落为"考据学""科举考试学",白鹿洞书院也典型反映了这一特点。胡适说白鹿洞书院"代表中国近世七百年的宋学大趋势",这是很有道理的。

朱熹在白鹿洞书院创立了祭祀先师的礼仪,继任的南康知军钱闻诗建造了礼圣殿,从此祭祀先贤成为书院的一个传统。孔子是书院的主要祭祀对象,礼圣殿就是为祭祀孔子而建的。南宋开禧元年(1205),山长李中主在讲堂中祭祀周敦颐、二程、朱熹。到了明清时期,朱熹及其弟子后学14人被放在紫阳祠中祭祀,其他理学名儒则放在宗儒祠祭祀。本地名贤如陶渊明、刘涣、李常等,历代著名洞主如李渤、胡居仁、汤来贺等也被放在先贤祠里加以祭祀。

朱熹重建书院之后,请求皇帝书写书院匾额并赐予经书,获得了宋高宗御书的《石经》等。此外朱熹还想方设法征书,并请求各地官员协助,得到了不少赠书,从此藏书成为白鹿洞书院的一大功能。明清时期，书院藏书的来源主要有三种：购买、刊刻以及捐赠。据历代《白鹿洞书院志》记载，明代书院所藏的刻板有3104片，字数在80万以上，数量非常可观。书院的藏书以四书五经类为核心，辅之以宋明时期的理学著作，其次是史书，以正史为主，也收录部分诗文大家的文集。其他诸子百家的书籍不能作为书院的藏书，传奇志怪、小说词曲之类则是绝对不收的。

朱熹重建白鹿洞书院之后，开始给书院置办学田以供养师生，这一传统得到继承和发扬。积累至南宋末年，学田增加到2000亩左右。万历三年（1575），书院共有田地山塘3300多亩，其中水田2905亩。学田的租金大部分用于奖励学习出色的学生，其次用来支付洞主的工资及学生的生活费，少量用于支付书院管理人员的工资及书院祭祀。这一制度的完善，为书院办学提供了经济保障。

白鹿洞书院的建筑按功能可以分成祭祀、讲学、生活起居、亭台、桥梁等类别。祭祀类建筑主要有礼圣殿、宗儒祠、忠节祠等，除了孔子之外还祭祀儒学先师、本地名贤及著名洞主。延续至现代，这类建筑只剩下礼圣殿、朱子祠（即紫阳祠）和报功祠。讲学、读书类建筑主要有文会堂、明伦堂、讲堂等。书院的藏书楼主要有云章阁、御书阁等。1980年重建以后的御书阁为木质结构，颇具雕梁画栋之美。生活起居类的建筑有白鹿精舍、延宾馆、春风楼、号舍、高等林业学堂等，又有众多的亭子，如独对亭、

独对亭

高美亭等,还有几座桥梁如贯道桥、枕流桥、流芳桥等。春风楼是清朝洞主居住的地方,现代已经修复。清末废除科举,白鹿洞书院改为高等林业学堂,宣统二年(1910)建造了一幢两层的西式楼房,一直保留到现代,成为白鹿洞书院的办公楼。

朱熹重建书院时,在这里留下了很多石刻。他曾把邵雍、程颐、林逋等人的诗文以及一些官府公文刻在石碑上,然而到了元末,这些碑刻全部毁于战火。明清时期,书院又产生了大量碑刻,现存157块,按照内容大致可以分成几类:一类是事务性的碑刻,包括重建书院、重建一栋建筑或修复一道桥梁、添置学田或诸生的膏火费,以及管理书院的告示及禁令等;一类是纪人表功的碑刻，一般通称为"教思碑"；一类是关于学习方面的讲义、训导；一类是游览书院时所写的诗歌、游记，占全部碑刻的三分之一强。

朱熹重建书院时，还留下了一些摩崖石刻，时至今日只剩下五处，即"枕流""漱石""钓台""敕白鹿洞书院""白鹿洞"。明清时期，书院也出现了很多摩崖石刻，大多集中在贯道溪、枕流桥、流芳桥一带，据历代《白鹿洞书院志》及《庐山志》记载，共有90多处。这些摩崖石刻大多体现了在

白鹿洞书院明伦堂

枕流桥

玩赏山水中感悟儒家义理的教育精神,如"流杯""流觞",有一种"曲水流觞"的生活乐趣,可以比喻"活泼泼"的心灵境界;而"枕流""漱石""听泉""风雩""风泉云壑"等体现了观赏山水的乐趣,既可以借助山水淘洗心胸,也可以根据这些提示自我磨砺。

三、"万国建筑博物馆"

胡适在《庐山游记》中指出,牯岭代表了西方文化侵入中国的大趋势,而庐山别墅建筑是西方文化入侵中国的历史见证。在庐山的各类建筑中,近现代别墅群尤其引人注目,它们使庐山获得了"万国建筑博物馆"的美誉。

庐山别墅群的布局规划始于李德立。李德立是英国人,1886年到中国,以商人兼传教士的身份在中国活动,通过巧取豪夺等各种手段,租得庐山土地1029亩,每年象征性地出租钱12千文。李德立将土地划分为31000平方英尺(约合2880平方米)的均等地块对外出售,每块土地售价银币300圆,规定只能建一栋别墅。他根据原有的"牯牛岭"之名,结合英文"Cooling"(清凉)之音义,给庐山取了个"牯岭"的名字。

李德立成立了以波赫尔(A. Hudson Broomhall)为首的规划设计机构,负责牯岭避暑地的规划制订工作。1905

庐山牯岭街旧景

年,波赫尔规划完成,该规划坚持两大原则:第一,"规划尽量结合地段环境",即充分利用而不是改变原有地形,依照长冲河谷山地的自然走向,将这一区域规划成众多的长方形和不规则的多边形地块;第二,"严格控制建筑密度",将每块地皮上建筑物占地面积与地块面积的比例控制在15%左右,使每个规划地块内保留了80%以上的绿地,这样就尽可能地保持了原有的山地自然环境。同时,别墅间的距离、别墅的体量及造型都有严格的控制标准。这样就使这一地区的建筑既有群体性,又有相对独立性。直至今日,庐山东谷别墅区仍为庐山设计规划最好的区域。

随着庐山长冲一带的开辟,来庐山购地建屋避暑的外国人不断增加。1904年,长冲周围的草地坡、下冲、猴子岭、大林寺冲四个地块被划为避暑地；1908年，医生洼片区被拓展为避暑地。至此，庐山牯岭避暑地成为中国近代四大外国人避暑地之首（其他三处为北戴河、莫干山、鸡公山）。到了1927年，牯岭已经具有一座小型山地城镇的规模，波赫尔规划已经基本实现。据《庐山志》记载，1917年庐山外侨人口总数1746人，随带中国籍佣人1126人；1929年庐山人口总数为6233人，其中外侨人口为1446人；1936年庐山人口总数为14848人，而外侨人口总数则下降到846人。时至今日，庐山别墅群大致由七个别墅区域构成：（1）东谷别墅群；（2）医生洼、猴子岭别墅群；（3）芦林、庐山植物园；（4）黄龙、火莲院；（5）西谷、河南路、达林沟、橄榄山；（6）窑洼、挡坝埂、女儿坡；（7）太乙村、观音桥、莲花洞别墅群。

李德立像

庐山别墅群素有"世界别墅建筑艺术博物馆"之美称。其中有中式259幢、美式185幢、英式125幢、德式17幢、瑞典式12幢、日式11幢、法式7幢，还有芬兰式、挪威式、丹麦式、俄式、加拿大式等，共计有18个国家风格的别墅建筑，总建筑面积达17.5万平方米。现存别墅636幢，其中名人别墅300余幢，庐山会议旧址及别墅群（美庐别墅、124号别墅、176号别墅、359号别墅、442号别墅）被列为全国重点文物保护单位。如此壮观的别墅群，与庐山的四季美景交织在一起，令无数游人为之倾倒。

庐山别墅的建筑风格大致有仿哥特式风格、英国乡村拱券式风格、俄罗斯巴洛克式风格、美国圆顶屋式结构、日本仿唐式乡村风格、瑞士平顶屋结构等。从结构样式上大致可分为12个类型：周边内廊敞开式、周边内廊封闭式、半封闭半敞开外廊式、外廊单亭敞开式、单亭封闭式、双亭封闭式、大坡度陡屋面式、古堡式、雨淋板外墙轻型式、单人字顶式、双人字顶式、四坡水屋顶式。不同的建筑风格，又统一遵守了与自然山水融为一体的原则，于是这些风格各异的建筑，就与千差万别的植物群落、随地赋形的山间风景、变幻莫测的庐山云雾一道，极大地丰富了庐山的景观。

庐山别墅依山而建，在整体规划上，沿长冲河两岸较为平坦的地段用来建设公园和交通主干道，例如著名的林赛公园（Lindsay Park）就位于这里。在长冲河两岸的山坡上，坡度在30°以下的地段均被当作建筑用地。围绕中央的带状绿地,依山建造别墅、教堂、医院、文体设施等建筑。远远望去,蜿蜒起伏的山坡上古树参天,郁郁葱葱,除了点缀在树林间的屋顶之外,似乎看不到什么建筑,白云飘飞,鸟鸣啾啾,令人赏心悦目;走进别墅区,道路纵横,穿过一片树林,就是一栋别墅,拐过一个山嘴,就会看见一个庭院,让人感觉到曲径通幽,有无穷的情趣。别墅区内的道路,总体上规划为鱼骨状结构与网状结构两种,两者互相结合,使别墅区内的步行道路四通八达,方便人们出入。这些道路大都因山势拾级而上,台阶多至数百级乃至上千级。冲天而上的古树随处可见,一丛野花,一片林荫,一道流水,一块奇石,时不时出现在人们面前,人们一边走,一边看,一边聊,悠闲而洒脱,丝毫感觉不到攀爬的劳累。时至今日,这些道路仍然是步行通往各个别墅的主要道路。

庐山别墅通常都有庭园,其布置

既有西方特色,又结合了中国园林的设计手法,它们将庐山的自然山水圈入园内,创造了优美的意境。例如美庐别墅的庭园就建造得十分精致。背山面水的美庐别墅,后面是高高的大月山,前面是潺潺的长冲河,四周是苍翠高耸的绿树。在青山绿水的大背景中,在绿树成荫的小怀抱里,美庐别墅充满了天然的气韵和浓郁的禅意。美庐别墅是带有宽大券廊的英式别墅,充满着异国风情。造园者又

庐山牯岭

美庐别墅

将中国传统的造园技术运用在美庐的庭园设计中,将山地、林木、草坪、泉流融为一体,突出了山岳园林的特色。建园之时,将庐山最大的金钱松和数十棵古老的苍松保留了下来,它们凝聚了古老中华的庄重和高贵,而秀美高大的欧洲云杉、蓬勃茁壮的法国梧桐和美国的凌霄花相间其中,又洋溢着浓郁的异国情调。一道清泉穿行于林木、花卉之间,为庭园增添了无限的生机和活力。多条观赏路线蜿蜒分布，路上或建有曲折的走廊，或布置了小桥流水，或镶嵌了石桌、石凳，形式多样，趣味丰富。三个敞开式外廊和两个大阳台，将建筑与园林景观融为一体，又可以让主人尽情观赏美景。

基于庐山气候和周边环境资源，别墅一般为砌体结构，即砖砌体、石砌体，又称砖石结构。别墅的墙、柱和基础都采用砌体结构，其优点是容易就地取材，价格低廉，砌墙时不需要模板和特殊的施工设备。砌成的墙体具有良好的隔热和保温性能，而且具有良好的耐火性能，抗冻抗风，经久耐用。

在庐山，石砌墙面、雨淋板、铁皮瓦、拱券、老虎窗、烟囱等西方建筑元素到处可见。庐山别墅的墙面、台基、廊柱、烟囱以及庭院路面，都用石料建成，既坚固耐用，又传递着庐山的清凉，看起来就好像是从庐山上自然生长出来的建筑物。

庐山别墅常用的铁皮瓦，不但具有很好的防冻、防漏性能，也增添了庐山别墅的审美情趣。一栋栋错落有致、风格各异的别墅，在波峰浪谷中若隐若现，深红色、青绿色的铁皮屋顶散落在青苍的山谷里，体现了冷色和暖色、静谧和空灵的巧妙搭配，显示了一些人工的痕迹，却没有任何不和谐的意味，如同"万绿丛中红一点"所传递的诗意。庐山别墅的雨淋墙板，刷上绿色、红色、白色的油漆，又常常爬满了藤蔓，显得分外柔美。大量别墅也使用了中国建筑最常用的材料——青砖，它不仅工艺质量好，而且外观呈现青灰色，与山体的颜色连成一片。总之，就别墅外观来说，中西方的建筑者在"天人合一"上似乎达成了默契，使庐山别墅自然而然地融入了庐山的秀美风景之中，丝毫没有突兀之感。

四、庐山抗战

1938年7月26日,侵华日军在司令冈村宁次的率领下攻占了我江防重镇九江,并于7月30日开始向庐山发起进攻。庐山守军作为武汉会战外围战的组成部分,被指挥部命令协助袭扰阻击日军。著名的庐山保卫战打响了。

庐山,当时被称为国民党的"夏都"。从1926年到1948年,中国国民政府首脑蒋介石曾有13个夏季来这里长住,在山上召开过11次重要军事会议,庐山也因此成为当时中国的军事政治中心之一。而就在一年前的1937年7月17日,蒋介石在这里发表了《抗战宣言》,庐山正是吹响全民族抗战号角的地方。1937年6月和7月,周恩来率中共代表团两次上庐山谈判,最终促成了国共第二次合作。守卫庐山已经超越了它的军事意义,产生了更深刻的政治意义。

庐山谈判中共代表周恩来、博古、林伯渠

江西游击总部副总指挥杨遇春原本是奉命赴第三战区任职的。途经江西时，他得到了新的命令——保卫庐山。杨遇春率地方保安团第三、第十一团坚守庐山，阻击日军，拉开了旷日持久的孤军保卫庐山的序幕。

杨遇春首先率部护送3万多上山避难的难民突围下山，同时将自愿留下的几千山民组织起来，协助守军抗击日寇。山上的200多名外国侨民也积极协助孤军守山，他们捐献出家中的衣物棉被。3000多名官兵在各个路口要道构筑工事，誓与日寇决一死战。守军修筑的碉堡位置极佳，高度适中，既能全方位扼制登山要道，敌人炮火又无法击中，而且射击孔计算精确，火力搭配合理，显示出了极高的军事建筑才能。对于居高临下、占据极佳地理位置的守军来说，这样的碉堡在战斗中发挥了巨大的作用。

7月30日，日军太久保联队在炮火掩护下开始向庐山土坝岭发起进攻。阻击他们的是保安团三团第二大队。土坝岭战斗中，歼灭日军近百。中国军人表现了决死之心,至少有两名保安团战士身负手雷与敌人同归于尽。

多日进攻都没有攻下庐山,日军渐渐懈怠,中国守军三团团长邓子超决定组织敢死队趁夜下山袭击日寇。敢死队队员们摸黑潜入日军住处,他们统一赤裸上身,摸着穿上衣的人就刀砍枪刺。睡梦中的日军万万没有想到,被困如笼中之鸟的中国守军竟然会主动出击。这次突袭,共歼灭日军300余人,其中一名大佐、两名中佐。这次夜袭战

庐山抗战纪念碑

庐山抗战博物馆

展现出中国军人坚忍的意志、强悍的作风,令国民大受鼓舞。

1939年4月,庐山保卫战进行到了第九个月。无计可施的日军花重金买通了山脚的一个猎户,在一个凌晨一支小分队由这个猎户带路,从莲花峰一条隐蔽的山沟悄悄攀上小天池附近潜伏。日军正面攻山后,这支日军小分队突然从中国守军背后发动猛烈袭击,中国守军猝不及防,损失大半,小天池防线失守。之后中国守军被迫突围,庐山落入敌手。

从1938年7月到1939年4月,中国军队固守庐山长达9个月,共进行战斗200余次,沉重打击了日寇的嚣张气焰。庐山血战中,中国军队牺牲巨大,仅第三团就有近千名官兵长眠于庐山山谷中。

为纪念这段历史,庐山上建有"庐山抗战纪念碑"和"庐山抗战博物馆"。前者建于2007年,后者于2009年正式开馆。

第四章 世情风物

SHIQING
FENGWU

每个地方都有独特的城镇乡村和独特的地方文化。对于九江来说，这里曾是全国四大米市之一、三大茶市之一，而吴城镇则是明清时期江西四大名镇之一，九江海关盛极一时。独特的城镇乡村又产生了独特的文化，各种戏曲艺术、民间工艺琳琅满目，流传到现代，成为宝贵的非物质文化遗产。

一、"来商纳贡"

据王隐《晋书·地道记》记载,早在晋代,九江就已经是"来商纳贡"之地。又据《晋书·刘胤传》记载,东晋初期,因为连年不断的内乱和征战,朝廷的财力消耗一空,之后朝廷的大部分财源都依靠"江州运漕"。

四大米市之一

据《宋书·臧质传》,宋孝武帝即位之后,臧质任江州刺史,擅自分配使用"盆口米""钩圻米",令朝野哗然。"盆口米"囤积在湓口关(在今柴桑区城子镇),"钩圻米"囤积在钩圻邸阁(在今都昌县城西郊的钓矶山一带),这是当时长江中游两个最大的粮仓,相当于如今的国库粮仓。南朝宋元徽二年(474),江州刺史刘休范在寻阳起兵反叛,下令把湓口关的"商旅船舰"都改成战船,将纠集起来的两万多士兵和民众都装备成水军，可见湓口的商船之多。宋顺帝升明元年（477），萧赜驻守盆城以防止荆州刺史沈攸之东下，让周山图加固城防，周山图把商船的船板都拆了，用于建造水寨和栅栏，十天之内全部完工，亦可见盆城商旅云集，船只众多。

中国古代"四大米市"分别是长沙、无锡、芜湖、九江。当时它们左右着米谷在市场上的流通，对区域粮食盈缺的调剂起到重要作用。"四大米市"是因旧时农业商品经济不发达而形成的，对促进当时的粮食生产、流通，推动社会发展，提升人们生活水平和繁荣商业经贸都起到了积极作用。

唐宋时期，九江的米市已经崭露头角。贞元八年（792），权德舆上书，说湖南、江西诸州"出米至多，丰熟之时，价亦极贱"。符载《江州录事参军厅壁记》说浔阳的钱币米粟，动辄以万计数，驾车乘舟之人，纷至沓来，朝暮不绝。唐代诗人卢纶《送从叔牧永州》说："浪里争迎三蜀货，月中喧泊九江船。"据《梦梁录》《九江府志》等记载，宋代在九江设置了"转运船仓"，作为江南粮食储存转运的集散地，有大量的"米客船只往来其间"，来这里贩米的、卖酒的，都能得到高额利润。明清时期，九江米市更加发达。明景泰元年（1450），初次在九江设置钞关，九江成为粮食和各种物资的转运码头，车水马龙，应接不暇。清朝雍正年间,九江米市进入了巅峰时期。据记载,清乾隆三年(1838)八月至四年(1839)四月,在短短八个月间,经九江转口的米船达到53032艘,运载大米1200万石。第二次鸦片战争以后,九江被辟为通商口岸,延续了米市的兴盛。

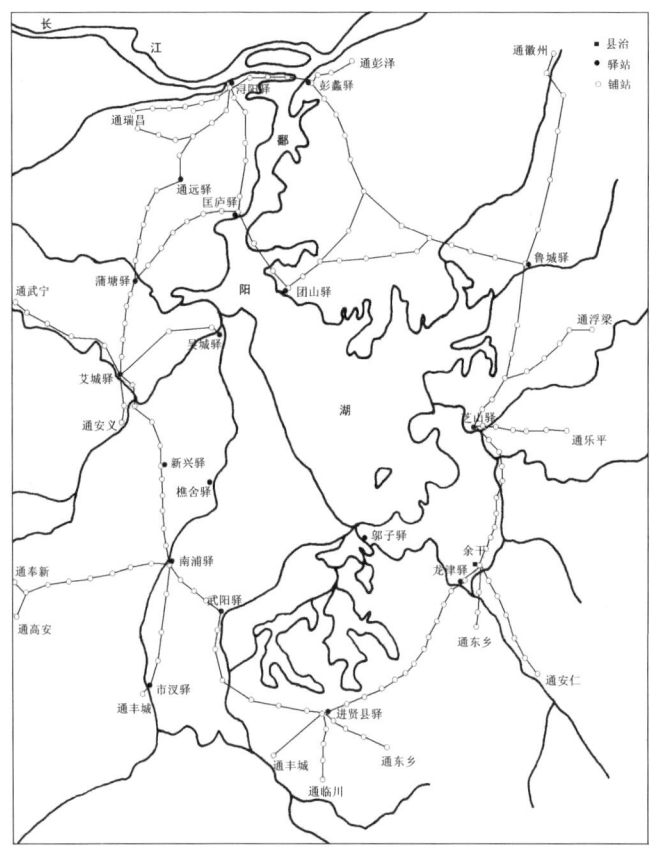

清代鄱阳湖滨湖陆路交通图

清末民初，九江米市一度冷落，到 1915 年以后又逐渐复苏，1917 年南浔铁路全线通车以后，赣抚平原、吉泰盆地的大米源源不断运抵九江。1915 年九江转口大米 13.4 万担，1916 年 82 万担，1920 年 465 万担，短短五年中，就增长了几十倍。抗战时期，九江沦陷，加上江西、湖北及安徽等地遭受大水灾，九江米市一蹶不振。到解放前夕，曾称誉于世的九江米市正式退出了历史舞台。

三大茶市之一

九江地处赣北，气候温和，雨量充沛，山峦重叠，土质肥沃，种植茶叶的自然条件十分优越，邻近的赣东北、赣中、皖南亦是盛产茶叶之地，庐山的"云雾"，修水的"双井""宁红"，饶州的"婺绿""浮红"，歙州的"祁红"等均被誉为茶中极品。得天独厚的自然条件和商贸优势，促使九江成为江南著名的茶叶集散地之一。

汉晋之时，人们已经开始饮茶。中唐时期，饮茶、买茶之风大盛，朝廷就开始征收茶税了。白居易《琵琶行》"商人重利轻别离，前月浮梁买茶去"，就反映了商人在九江贩茶的情况，而白居易也在庐山草堂开辟了自己的"药圃茶园"。五代十国时期，九江境内私贩茶叶者不少，如明代解缙《萧将军霁像赞并叙》就记载了一个在武宁贩茶的商人袁八卦。据马端临《文献通考》记载，宋朝在安徽、江西、浙江、湖南、福建设立了"买茶之处"，其中就包括江州。沈括《梦溪笔谈》说宋代江州等 11 州纳税的茶叶有 84 万多斤，收的茶税有 34 万多贯。《宋会要辑稿》记载南宋孝宗淳熙十六年（1189），江西提举司发放"茶引"（茶商缴纳茶税后获得的茶叶专卖凭证）超过 15 万贯，其中江州 6 万贯。赵崇宪知江州时，曾减免瑞昌茶民因购买茶引所欠的款项 17 万贯，受惠者 1000 多家。元代在江州设立了榷茶都转运司，元世祖在位时期茶税已经达到 2.8 万锭，元末则十倍于此，达 28 万锭。尽管如此，元代江州贩茶的利润还是很高，商贩也很乐意给各级官员输送额外的好处费。元代傅与砺《覆舟叹》："吴中富儿扬州客，一生射利多金帛。去年贩茶溢浦东，今年载米黄河北。"就反映了贩茶容易致富的情况。

第二次鸦片战争以后，九江成为通商口岸，外国人趁机而入，或在九江收购茶叶，或在这里办厂制茶。从清朝同治末年至民国初年，九江茶市进入了鼎盛时期。这时期江西有 50 余县种植茶树，面积超过 100 万亩，而修水、武宁两县在一般年景均可产茶叶 10 多万担，它们多半由水运至九江出口外销。1863 年，经九江出口的茶叶达到 19 万担，约占全国茶叶出口总数的 12%；1878 年增加到 27 万担，1886 年增加到 30 多万担，1914 年增加到 33 万多担，创历史纪录。从 1924 年前后开始，九江销茶量大幅度下降，茶市日见萧条。中华人民共和国成立前夕，江西茶园产茶仅有 4.29 万担，盛极一时的九江茶市基本上退出了历史舞台。

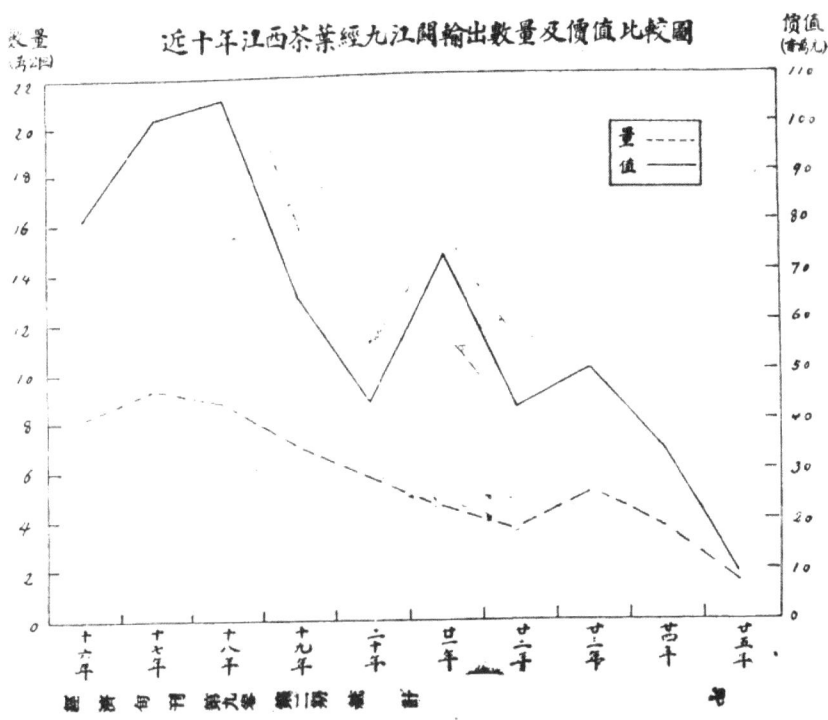

1927—1936年江西茶叶经九江输出情况

唐宋时期，九江诞生了名泉、名茶，为后代茶市增色不少。唐代陆羽，一生嗜茶，精于茶道，著有《茶经》，被称为"茶圣"。陆羽特别重视泡茶水的品质，他通过大量的品尝，列举了天下20种煮茶的好水，以"庐山康王谷水帘水"为第一，"庐山招贤寺下方桥潭水"为第六，前者就是庐山康王谷的谷帘泉，后者就是庐山三峡涧的第六泉。宋代大文豪苏轼论天下的"美食""美茶""美文"，就特别列举了"以庐山康王谷水，烹曾坑斗品茶"一种。

除此之外，九江茶、庐山茶、云雾茶，皆特指庐山出产的云雾茶。庐山云雾茶在宋代就已经扬名四方，南宋南康知军方岳在《性老致庐山茶》中说："自参茶鳌风烟美，略识庐山面目真。"元代白朴在《水调歌头》中说，老了别无所求，何妨四海为家，唯愿能够时时品尝"五溪鱼，千里菜，九江茶"。至于修水的"双井茶"，则更因为大诗人黄庭坚的抬爱而名扬天下。

九江钞关与九江海关

九江位于赣、皖、鄂三省及长江中下游之交，上通川楚，下达江浙，是江西省的北大门，又是赣江水系和长江水系的交汇点，自古以来地理位置就十分优越。而自唐代张九龄开凿大庾岭商路以来，尤其是明清两代，九江在国家经济、政治、军事等方面的重要性越发凸显出来。

鉴于九江重要的地理位置，明朝于景泰元年（1450）在此设立九江钞关，关址选在九江府西门外的湓浦坊，专征过往商船的船舶税。明代九江钞关是当时八大钞关中唯一设在长江上的，其设立之初，由户部主事任关督，不久改由地方官府委官监收关税。弘治六年（1493），九江钞关被列为全国七个户部直辖钞关之一，重新改由户部遣主事督关，并成为定例，"终明世不改"。

在明朝诸关中，九江钞关也是关税增长最快的关。九江钞关税收从始设到万历初年，均不是很高，只相当于当时江西省的另一大关——赣关税收的三分之一。此后税收显著增长,到明后期,在全国钞关中仅次于崇文门、浒墅、北新、临清等关而居第五,从而成为全国性的大关。

清前期是九江关发展的黄金时期,在清政府财政中的地位也更加重要。作为清代唯一不征商货税的户关,此时九江关关税增长极为迅速,至道光二十一年(1841)税额达562932两,已然居全国内陆诸关之首,仅次于全国唯一的外贸港口——粤海关。

鉴于九江在交通及外贸上的重要性,清前期的九江关又添设了很多关卡,但这些关卡并不征税,只负责稽查逃税之船,征收税银之权只九江正关及大姑塘分口才有。

1910年的姑塘古镇

从明朝设立九江钞关始至清雍正元年（1723），九江关的设置地点有多次变更。由于九江港位于湖口上游30公里处，而进出江西内河的船只经湖口即可往返，不必进入九江港，这样九江钞关因距湖口较远，过往船只"纵之脱然"，不纳税亦可过关。九江关设立之初，关税收入一直处于低迷状态，在全国诸关中的地位也不甚突出，便与此有极大的关系。雍正元年，清王朝决定在距湖口以南约20公里处的鄱阳湖西岸之大姑塘设立分关，同时撤除湖口关，重新设置九江关。至此，自明季以来一直困扰当局者的"遗算于湖口"的问题终于得到了妥善而彻底的解决。

九江钞关的设立，也促成了吴城镇的发展。吴城镇鼎盛于明清时期，常住人口最高达到7万，成为一座贸易兴隆、经济繁荣的商埠，素有"装不尽的吴城、卸不尽的汉口"之美誉，与樟树、景德镇、河口并列为江西的四大名镇。1917年南浔铁路、1937年浙赣铁路先后建成通车，吴城镇开始走向没落。1939年日寇侵入九江，吴城镇70%的建筑物被飞机炸毁，往日的繁华也就成了历史陈迹。

明及清前期的九江关事实上只是一个封建政权的内陆关卡，没有涉及外贸，而近代意义上的九江海关，它是帝国主义对中国进行经济侵略的产物，是第二次鸦片战争后才建立起来的。

1858年《中英天津条约》明文规定："长江一带各口，英国船只俱可通商……准将自汉口溯流至海各地，选择不

吴城镇的吉安会馆

逾三口,准为英船进出货物通商之区。"1860年英国侵略者宣布九江为通商口岸。1861年3月,英国驻华公使馆参赞巴夏礼"在九江府城西门外龙开河之东,量地一百五十丈,深五十丈,议写租约",总面积约150亩,并迅速与江西布政使张集馨签订了《九江租地约》。随后美、法、日等国侵略者也相继来到九江,他们虽因"该国商人在九江贸易生意不大,意欲将来不设领事馆",而没有在此设立租界和领事馆,但这些国家的商人仍在九江强行租地租房以

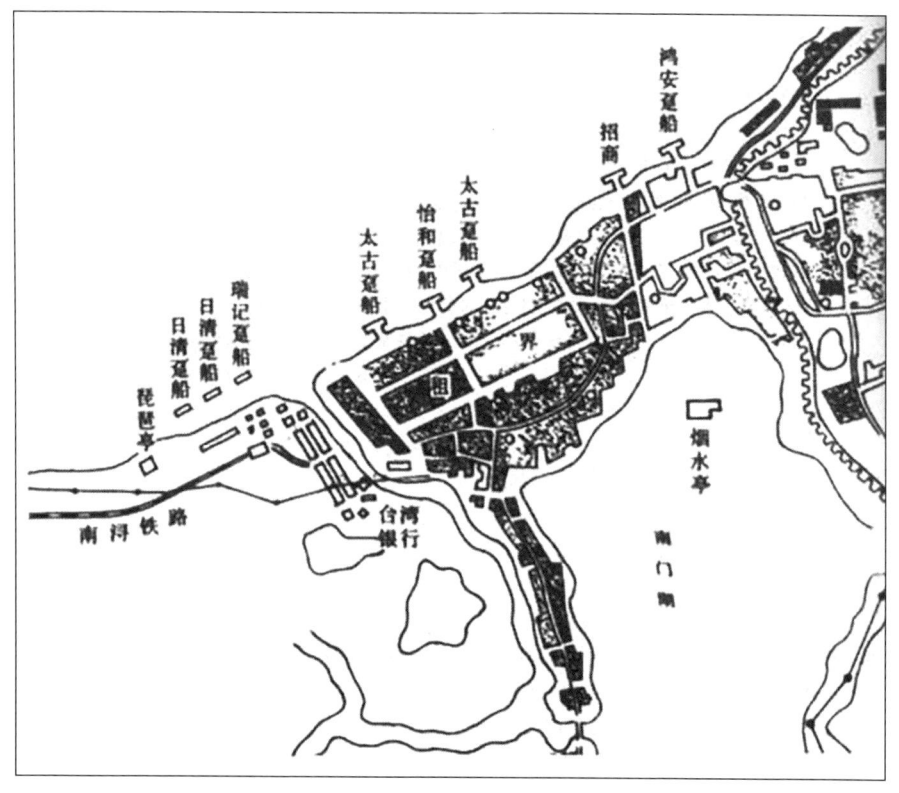

九江英租界图（1861—1927）

作商行，强盗行径丝毫不亚于英国侵略者。

　　租界设立后，英国人便着手组建九江海关。1861年十月，署理海关总税务司赫德先在汉口组建了江汉关，随后来到九江，按江汉关的组建章程着手组建九江海关。同年十二月，九江海关正式成立。新设立的九江海关（俗称新关或洋关）与原有的九江榷关（俗称常关）同归清政府任命的九江关道（即九江关监督，由广饶九南道兼理）管理，两关最初的职权范围分别为：九江海关负责对进出洋轮及所载货物征税，常关负责对进出华船及所载货物征税。

江汉关及九江关组建之初，因清廷在湖口一带与太平军仍有战事，故按照1860年赫德的建议："把汉口和九江两口开放对外通商，但是在紊乱情况继续存在时期，一切根据新税则应征的船钞和运往及运自该两口岸的货物的一切应征进出口关税，都在上海或镇江抽收"，致九江海关成立之初只有对进出口岸的船舶行使监督之责，而无征税之权，关税由江汉关代为征收，然后按比例（九江海关和江汉关各一半）转拨给江西。从九江海关成立到独立征收税，江汉关共替九江海关代征了一年的关税。但这种代征制度使两关不能自主控制税收，在税收上受到限制和损害，故行之不久，湖广总督官文和江西巡抚毓科便联名上书，要求赋予两关征税权。1862年12月28日，在总理衙门的示意下，海关总税务司赫德再抵九江，以江汉关征税章程为基础，议定了九江海关征税事宜，同日，九江海关正式征税。九江海关的征税范围于1864年划定为"南京至九江以西之江峡江段"。1883年因芜湖关已经开关征税，故征税范围又重新界定为"自安徽省城（安庆市）至湖北半壁山止"，业务范围缩小，关税也从1882年的814551海关两降到1883年的778817海关两，但随即便呈回升之势。

九江海关实行的是外籍税务司管理制度，所有海关内部的行政管理、征税业务等以及本不在海关管理范围内的检验检疫、口岸管理等均归税务司负责，清廷的海关监督只能负责日常税务登记,虽然名义上海关监督仍是海关的最高领导,但在实际操作中,税务司及洋商根本就不把监督当回事。时任清廷三口通商大臣的崇厚曾说:"各口税务司之权日重,洋商但知有税务司而不知有监督矣。"1868年九江关道和时任九江海关税务司的康发达发生争执,其因便是九江关道在函牌中要求在洋务上与新关(即九江海关)委员会同商办,而税务司反对用"会商"字样,更让人惊讶的是,此事的最终胜利者却是税务司。此端一开,致使赫德于1869年1月的通函中宣告,把海关监督当作税务司的"同僚"来称呼,不再保存隶属关系。九江海关从设立到1876年共任命过4位税务司,分别是华为士(美)、汉南(英)、康发达(德)、杜德维(美),但具体任职时间不明;从1876年到1930年的54年中,共更换了正副税务司30人,但其中没有一个华人,全是洋人,他们分别来自英、美、法、德、俄、日本、比利时、葡萄牙等八个国家,其中又以英人最多,共18人,而且即使是他国人员担任税务司时,也基本上会有一个英国人同时担任副税务司,这样就使九江海关的控制权被牢牢地掌握在英国人手中。

九江海关税务司使署初设之时,规模较小,在同期全国所有海关中是关员最少的一个关,只有32人(税务司1名,外国帮办2名,外国扦子手即验货人员10名,华人扦子手14名,会办税务官3名,发审1名,库官1名)。但随后

19 世纪后期的九江海关

人员迅速增加,到 1876 年时,关员已增加到 80 多人,到 1899 年更是达到了 153 人。洋员绝对人数虽不多,却分别来自 15 个国家,使九江海关成为名副其实的"国际官厅",而且他们中的绝大部分为九江海关上层人员。

二、古村流韵

中国传统村落俗称古村落,是指始建于民国以前,其建筑环境、建筑风貌、村落选地未有大的变动,具有独特民俗民风,虽经历久远年代,但至今仍为人们服务的村落。因其蕴藏着丰富的历史信息和文化景观,而越来越为人们所重视,截至2019年12月,九江境内有由住建部、文化部、国家旅游局认定的传统村落共8个,即修水县黄坳乡朱砂村、湖口县流泗镇东风村庄前潘自然村、修水县黄沙镇岭斜村箔竹自然村、都昌县苏山乡苏山村鹤舍自然村、修水县黄沙镇下高丽村内石陂自然村、彭泽县浩山乡岚陵村、武宁县甫田乡太平山村合港自然村、修水县布甲乡太阳村。

修水朱砂村

朱砂村是修水县黄坳乡下辖行政村,地处九岭山脉的

朱砂村古桥——步瞿桥

九龙山下，村域面积10.2平方公里。

朱砂村三面环山，山形如臂，朱砂河蜿蜒自西向东穿过。村落布局与自然山水相契合，形成了"山—水—田—居"的布局秩序，凸显了赣北传统村落在整体环境上的特色。村落内建筑群呈分散式布局，点缀在山水田园环境中。

朱砂村至今仍有大量古民居，有2万多平方米古老建筑集中连片，完整地保存了原有的江南水乡风貌格局，每一幢都保留着完好的历史风貌，仅传统建筑就有新屋里、洋屋里、下位贤、三幢堂、上位贤、城下等。其中，新屋里建于1830年，整体木框架，青砖灰瓦木雕门柱梁石雕窗户，有房 30 余间、天井三口，具有传统的赣北民居风貌。

朱砂村在空间布局以及与自然环境的相处上构思巧妙，包含了人类与自然和谐相处的历史智慧。村内有国家一、二级保护植物千年红豆杉与 300 年古樟群，村内还有石砌古桥、河道、围墙、古井、古墓等古迹，都是古村鲜明的标签。

朱砂村于 2014 年 11 月 17 日被列入第三批中国传统村落名录。

湖口庄前潘村

庄前潘自然村位于湖口县流泗镇东风村，2014 年 11 月 17 日入选第三批中国传统村落名录。庄前潘村村址原系三国东吴都督陆逊的庄园，古称翠鹿庄。传统民居位于村中央，其建筑风格既有徽派，也有赣派。

村庄主要传统建筑有柘塘书屋、古戏台等。柘塘书屋属徽派风格，为四水归堂的大八间，外观青砖黑瓦，室内木柱支架、木板墙体、木雕窗栏。柘塘书屋由清代举人庄前潘村人潘锦江所建，他曾担任白鹿洞书院的国学主讲，当年的书屋成为南康府和桐城学派学子学习交流的场所。柘塘书屋曾经藏书上万卷，盛极一时。

村内有古戏台一座，建于清代，木柱木板，古朴结实，仍能使用。台上两木柱刻有对联"上台下台坦坦荡荡，观戏听戏乐乐忧忧"，意蕴深远。

村内还存有明代的古炉以及 10 多处历代用于彰显功名

的旗鼓石、旗夹石,各种遗存古迹及匾旌显示,明代以来该村出身的官员不在少数。

修水箔竹村

修水县黄沙镇的箔竹村,是一座位于幽深山谷之中的小山村,2016年12月9日被列入第四批中国传统村落名录。箔竹村距离县城30多公里,四周群山高耸,梯田环绕。村里修竹袅袅,古树参天,石阶蜿蜒而上,溪流潺湲而下。

箔竹村

白云飘飞，天空蔚蓝，映照着这方宁静而祥和的天地。

村庄依山势而建，高低错落，层次分明。房子风格统一，都是黄土砌墙，青瓦盖顶，木制阳台，雕花木窗，双木大门，麻石门槛，古朴中显现出一种别致的韵味。明代永乐年间，郑姓人因躲避战乱，由河南荥阳迁居至此，繁衍生息，人口最多时有50多户，200多人。现仍保存了30多栋传统民居，村庄里有九井十八巷、东西南北四重门等古建筑。村民以种植水稻为生，以茶叶、竹木为主要经济来源，世世代代过着日出而作日入而息的平静生活。近数十年来，年轻人逐渐离开了这里，村中只剩下一些老人。随着驴友的纷至沓来，箬竹村又慢慢变成了旅途驿站，柴火炒菜、大锅煮饭，吸引着一批又一批的客人。

都昌鹤舍村

都昌县苏山乡的鹤舍村,为袁姓聚居地,迄今已有1800多年历史。村外群山环抱,村前溪水环绕,成片的古屋在青山绿水的映衬下,显得别具风味。鹤舍村于2016年12月9日被列入第四批中国传统村落名录。

鹤舍村古建筑群始建于清乾隆年间,面积约6000平方

鹤舍古村

米。村中现保存较完整的古建筑有23栋，占全村现有建筑的40%；祖厅三进，占地600平方米；巷道15条，平均宽度1.5米，总长度800米；石砌长方形池塘一口，占地500平方米；民国初期建小洋楼1栋，占地100平方米。全村古屋、石巷保存完好程度在95%以上。

鹤舍村古建筑群为赣派建筑风格，属十字架、硬山顶、砖木结构，室内装饰主要突出在正堂天井周围的门窗、梁枋、柱托上，装饰手法有浅雕、浮雕、透雕，其内容除民间吉祥寓意图案外，还有历史神话传说等。

近年来有许多电影、电视剧到这里取景，例如反映二次革命的影片《铁血共和》以及电视剧《聊斋》等。

修水内石陂村

内石陂自然村属修水县黄沙镇下高丽行政村，全村依山而建，村舍坐西南、面东南，犹如一条玉带绵延于群山脚下，负山带水，四周山林宛如天然屏障，将古村温柔呵护。村内道路四通八达，以高家祠堂为核心向外辐射，犹似扇形八卦图。村内古井、石板桥、古树群、石阶路、石砌围墙等保存完好，古风浓郁。2016年12月9日，内石陂村被列入第四批中国传统村落名录。

彭泽岚陵村

彭泽县浩山乡的岚陵村，位于大浩山的环抱之中，遗存着许多有价值的文物古迹。例如村中有一口水井，相传为岚陵始迁祖所建，因为状若鲤鱼，故名鲤鱼井。井不深，面积也不大，但井水清澈，四周用石板堆砌成高台。据传此井能预报天气，每当要下雨时，井水便变得浑浊，下过雨后，井水又清澈见底。岚陵祠堂中还存有清代嘉庆的"禁赌碑"，也很有文物价值。

武宁合港村

武宁县甫田乡太平山村的合港自然村，2019年6月21日被列入第五批中国传统村落名录。因来自苗竹洞的溪流

合港村

与来自螺蛳田的溪流在此会合,故称合港。合港村与湖北阳新县、通山县相邻,有一条乡镇公路贯穿全村,是登临道教名山太平山的必经之路,也是太平山风景区的一部分。

清朝末年,潘姓、明姓人自湖北阳新来此定居,村民们依山建房,临溪作息,在平缓的山坡上开辟了一层层梯田,留下了众多的传统建筑。这里的森林覆盖率达到96.92%,葱翠的山林中遍布野樱花、桐树和杜鹃,三月樱花万亩,犹如朝霞中的漫山飞雪,四月桐花和杜鹃花争相绽放,红白相间,犹如满山的锦绣,堪称"春可赏景、夏可避暑、秋可登高、冬可泡汤(温泉)"的旅游胜地。这里的高山野生茶、太平山佑圣宫、万亩野樱花被称为"太平三宝",还有石桌等神话传说,市级非物质文化遗产太平锣鼓,因高山劳作而产生的打鼓歌,因采茶而产生的采茶戏,用于传统节庆的龙灯、舞狮等。

修水太阳村

太阳村位于修水县布甲乡东北部,这里山水相映,古木参天,村内溪流淙淙,茂林修竹,犹如世外桃源。

太阳村人文厚重。宋时,黄庭坚曾祖黄中理曾在太阳山创办樱桃书院,在此就读的黄姓子弟中有多人高中进士。清初闯王李自成战死九宫山后,部分随从逃至与九宫山相邻的太阳山,隐姓埋名,种茶采药,他们沿山建立了蔚为壮观的"太阳四十八舍",至今保存完好的仍有八舍。

改革开放后,山民逐步向交通更为便利的山脚聚集,太阳村里的传统建筑因此得以完整保存。如今,太阳山上没有一栋钢筋混凝土建筑,建筑内部黏土夯地,块石铺路,竹木为篱,古香古色。

2019年6月21日,太阳村被列入第五批中国传统村落名录。

三、茶戏与山歌

世代生活在赣北大地上的民众，创造了多姿多彩的民间文化，留下了丰富的非物质文化遗产，例如湖口青阳腔、星子西河戏、九江采茶戏、修水宁河戏、瑞昌采茶戏、永修丫丫戏、武宁打鼓歌等。

湖口青阳腔

湖口青阳腔是明代隆庆至万历年间由徽商带进湖口的一种地方戏，又称"高腔"，清代盛行于湖口、都昌、星子等地，堪称"家家藏有手抄剧本，村村可见围鼓坐唱"，有"秀兰班""老秀兰班""中秀兰班""福秀兰班""新秀兰班"等专业戏班。青阳腔继承了弋阳腔"一唱众和""其节以鼓、其调喧""不入管弦"的特点，并发展了弋阳腔的"滚唱"而成"滚调"，而"错用乡语"则是湖口青阳腔一个

湖口青阳腔

非常突出的特点，体现了浓厚的地方文化色彩。在演唱方式上，它采用了单曲、联曲和主联曲三种体式，既有激情高亢的演绎，也有平、低的音调，形成了抒情细腻、优美动听的声腔特色。青阳腔的高调曲牌音乐，没有管弦伴奏，采用一人主唱、锣鼓伴唱、众人帮腔的演唱方法。横直曲牌音乐则是在吸收民间小调音乐、宗教音乐甚至是昆曲音乐的基础上形成的，横牌用笛子伴奏，直牌用唢呐伴奏。杂腔小调音乐则用于小戏和插科打诨。青阳腔通常用的锣鼓器乐有板鼓、板（牙子板）、堂鼓、大锣、小锣、云锣、马锣、大钹、小钹等九种。

武宁打鼓歌

武宁打鼓歌又称"催工鼓""锄山鼓"，是一种以鼓伴奏的山歌，历史悠久，大约在清初由湖北传入武宁，后又融入了"吴歌"的韵味和武宁的乡土风情，形成了自己的艺术特色，在武宁县的船滩、温汤、南岳、东林、浬溪、

武宁打鼓歌《打鼓唱歌接妹来》剧照

杨洲等乡甚为流行。近二三十年仍有业余打鼓歌表演队10余支，出色的民间鼓匠20余人。

锄山鼓多出现于集体挖茶山、锄油茶林、开荒垦地等劳动场地。数人甚至数十人一字排开，由一人击鼓领歌，众人一面挥锄劳动，一边搭号相和，节奏快慢有致，旋律粗犷，格调高昂。随着鼓点的节拍，歌调的节奏，一片银锄飞舞，挖土之声铿锵作响。有的打鼓歌表演时间很长，从早上出工开始，到晚上收工结束。早上人们到达劳动场地时，鼓匠就打上一通滚鼓，念上一段开场白，名曰"起号"，预示着劳动和演唱即将开始。中间穿插"搭号"演唱，就是其他人代替鼓匠演唱，给他提供休息机会。接下来就是正歌，包括四番鼓：起头番、落二番、紧三番、杀四番。初番松缓，二番渐快，三番急促，四番渐慢而至收尾。绝大部分打鼓歌放在二番鼓里，既可以见人唱人、见物喻物，又可以插入"搭号"。

在演唱打鼓歌时，真假声唱法并用。假声唱法又称"尖声""娇声"，是一种尖锐、豪放的歌唱方法，以表露情感、转移对疲劳的注意力。真声唱法俗称"宽音""霸音"，是一种轻松的哼唱方法，多唱些抒情小曲，曲调舒缓柔和，起到缓解强度、调剂气氛的作用。在演唱音域不宽的小曲或一些中声区时用真声唱法，到高声区直接转入假声。真假声的衔接不用过渡，也不追求声区统一，在需要假声时突然翻上去，形成真假声截然分开的特殊效果。

全丰花灯

全丰花灯盛行于修水县全丰镇，是一项综合了灯、戏、舞等艺术因素的表演形式。明清时期，全丰镇一带巫风大盛，道士活动频繁，全丰花灯的曲调即由道教音乐派生而成。春节期间，各路花灯云集，跑东家窜西家，通宵演唱，从初一发灯一直唱到元宵节。此外如节日、做寿、上梁、婚嫁等，都要请来花灯热闹一番。全丰镇现有20余支花灯队，每支花灯队均有锣鼓、服装、道具等设备，他们活跃在山陬水滨，不需要舞台、幕布，田间、草地、厅堂、庭院，随时随地可以演出。

全丰花灯的主要特色是灯队表演。灯种颇多，常见的有钵哩灯、车车灯、白鹭灯，内有"猴子跳圈""仙姑推

全丰花灯

磨""八仙过海"等形象,又以白鹤灯居于乐队中间,象征祥和吉庆,人寿年丰。灯工有八种特技:姑嫂推磨、老鼠犯梁、刘海戏蟾、猴子打对、仁贵射雕、姐妹观花、洞宾背剑、张三打虎,均属于杂耍。器乐以打击乐为主,有云锣、锣、小鼓、钹等,有时也以胡琴、笛子、唢呐伴奏。说唱均用地道的西乡全丰土话,与修水流行的宁河戏迥异。演唱角色有生、旦、丑三类。生角双手推车;旦角一手捏手帕,一手扶车把;丑角戴礼帽、戴眼镜,脸画豆腐块,骑马扬鞭,时与旦角逗趣。三人方步圆场,边走边表演。开场内容多为即兴打诨,正式表演的曲目皆有简单情节,或以外出经商为内容,如《下南京》《六个月种花》;或以谈情说爱为内容,如《拜新年》《打戒箍》

《十个月摘花等郎来》;或以夫妻情义为内容,如《劝夫》《下麻城》;或以咏花吟春为内容,如《十月莲》《十个月逢春花》等。

修水宁河戏

修水宁河戏,古称"宁州大戏",发源于修水县,是江西大型古老剧种之一,迄今已有400多年历史。宁河戏是一种地方特色鲜明的多声腔戏曲剧种,起源于傩歌傩舞,融高腔、昆曲、吹腔、徽调以及民间小调于一炉,清代大盛,

修水宁河戏《大登殿》剧照

武宁采茶戏

到道光年间,案堂班达到 31 个,还有 5 个职业戏班,县内庙宇、祠堂均搭有戏台,可见当时盛况。中华人民共和国成立后,成立了修水宁河戏剧团,走上正规剧场演出。

武宁采茶戏

武宁采茶戏,俗称"武宁茶戏",是赣北一个特征鲜明、影响较大的地方戏曲剧种,被列为江西四大地方戏之一。最早起源于"茶歌"(即采茶调),其孕育期可上溯到明末清初。地处幕阜山脉的武宁县,境内盛产茶叶,早在唐宋时期,当地农民在垦荒种茶、锄茶特别是清明节摘茶时都兴唱采茶歌。明末清初,茶歌演变为小曲,有故事情节和叙事唱词,并有专门唱本传抄,诞生了当地称为"唱生"的民间艺人,演唱者由一到二,配上牙板、鱼鼓,一人演唱两个或多个角色,渐渐形成了采茶小戏的雏形。后来逐步发展为有表情动作的小旦、小丑的二人戏,尔后又有小生加入,名为"三角班"。后经许多艺人的创造、革新,逐渐形成了独具特色的武宁采茶戏。武宁采茶戏的唱腔非常丰富,素有"九板十八腔"之称,例如"板腔体"以及在哭丧、哭嫁基础上形成的"喔嗬腔"等,总体上可分正腔、花腔、杂调三大类。角色和京剧相似,有生、旦、净、末、丑。

九江采茶戏

九江采茶戏原名"茶灯戏",俗称"茶戏",进入半班形式后称"采茶戏"。明末时期,九江、瑞昌一带盛行的灯彩与传入九江境内的铅山县茶灯戏结合,形成了赣北茶灯戏。乾隆年间,茶灯戏又与赣北一带由湖北艺人传入的黄梅采茶腔结合,进入半班后,逐步形成了赣北地区特色的地方剧种——九江采茶戏,它以质朴通俗见长,曲调清新,韵味甜美,被誉为"糯米茶戏"。曲种为南河派,音乐属"打锣腔系"。声腔可分平板、花腔、汉腔、杂腔、曲牌五大类。传统的演出只用打击乐伴奏,众人应和帮腔,不用丝竹乐器,打击乐设座于前台正中靠天幕处,演员在锣鼓手前表演。现存锣鼓谱

九江采茶戏《刘崇景争妻》剧照

32套、唱腔30余种以及传统剧目《香珠记》《白扇记》《二龙山》《告京臣》《锁阳城》《鹦鹉记》等。

星子、德安西河弹腔

流行于赣北的星子、德安、九江一带的西河戏,又名"弹腔戏"。以二黄、西皮为主要声腔,杂以青阳高腔和当地民间小调。题材多取自历史故事,剧本结构较长,内容丰富,台词念白多乡音俚语,腔调高亢、奔放、浑厚、质朴,服装道具古色古香,扮装以红、黑、白三色为基本色调。现有传统剧目150多种。

永修丫丫戏

永修丫丫戏起源于明代，由本地田歌、山歌渔歌和外来剧种融合演变而成。唱腔、念白均用当地方言，韵白用地方官话。表演身段豪放、夸张，具有浓烈的生活气息，极富感染力。锣鼓伴奏，演唱悠扬悦耳，唱腔婉转、流畅，多用六度跳进的音程，衬词较多。唱腔曲牌有男女通用和男腔、女腔之分，锣鼓曲牌有唱腔和身段场景之分。丫丫戏现存剧本大小数十部，其中《七层楼》《黄婆井》等为世代流传的剧目。

永修丫丫戏

四、手工技艺

九江地区有4项（3个类别）国家级非物质文化遗产，占江西省（18项9个类别）五分之一强，即编织扎制类的瑞昌竹编、湖口草龙，剪纸刻绘类的瑞昌剪纸，文房制作类的星子金星砚。

瑞昌竹编

瑞昌位于赣北偏西、长江中游南岸，竹资源丰富，其竹编经过千百年来无数艺人的传承和发展，逐渐形成了自己的独特风格。

竹编工艺与人们的生活息息相关，主要制品有床、桌、椅、凳、橱柜、簸箕、米筛、笼、凉席等，造型美观，技艺精湛，经久耐用。丝箩、斗笠、米筛等竹编工艺被誉为瑞昌传统竹编"三件宝"。常用的竹编工艺有：编织，即

瑞昌竹编

用竹丝、篾片以挑和压的方法构成；车花，即将竹节车成一定形状和装饰；拼花，利用竹的表面或断面，拼成花型或器皿；穿珠，将竹节制成小段进行穿结；翻黄，利用竹黄加工制成各种器皿。瑞昌竹编产品粗中有细、疏密有致、色调柔和，千变万化且不失竹子本色，既可作为居家生活之物，又可以是风格独特的装饰品。瑞昌竹编以其工艺工序复杂、制作精密细腻、难度大、品种多而享誉海内外。

2008年，瑞昌竹编入选第一批国家级非物质文化遗产扩展项目名录。

湖口草龙

湖口草龙俗称"谷龙"，是流行于江西省湖口县一带的民间草扎技艺。湖口草龙历史悠久，据传始于隋唐，盛于明清，出现了世代相传的专业艺人。生于19世纪末的周雍发是精致化湖口草龙的开创者。

按当地旧俗，每年秋收以后，人们要用稻草扎制草龙串村游玩，以庆祝丰收。湖口草龙以稻草为主要材料，用竹

湖口草龙表演

木做支架，整条龙由单数节段构成，通常为9至21节。草龙编扎工艺极为复杂，前后需采用编、插、织、嵌、镶、绕、缠、悬、挂、空、别、剔、镂、透等十多种手法，要求成品自然生动，古朴典雅，不露人工痕迹，完美体现出瑞龙庄重威严的气度。游耍草龙时，舞者需穿上整齐鲜艳的服饰，由"金童玉女"举龙灯引路，游行过程中视情形进行惊险的杂技表演或做出妙趣横生的逗乐动作，一派活泼热闹景象。

湖口草龙融民间舞蹈、杂技、音乐、美术、手工技艺于一体，具有很高的艺术价值，是民俗学、社会学和民间艺术等学科值得研究的对象。2008年，湖口草龙被列入第二批国家级非物质文化遗产名录。

瑞昌剪纸

瑞昌剪纸艺术历史悠久，具有良好的民间基础，素有"无户不剪纸，无女不绣花"的传统。瑞昌剪纸艺术经过历代民间艺人的传承发展，形成了独特的风格，现已成为全国颇具影响的民间艺术品类。瑞昌市于1992年被江西省文化厅命名为"剪纸之乡"，1993年被文化部命名为"中国民间艺术之乡（民间剪纸）"。

瑞昌剪纸融汇了南北方的不同特点而形成自己与众不同的风格特征，其中既有精巧、秀丽、严谨的阴柔之美，又有古朴、坚实、豪放的阳刚之美，阴阳互补，虚实相生，刚柔相济。瑞昌剪纸表现题材极具个性,阴阳搭配是其最为常见的主题内容,龙、凤、麒麟等传统图腾,狮、虎、猴、兔等吉祥动物,花、鸟、虫、鱼等常见动物都是瑞昌剪纸的内容。瑞昌剪纸图案生动精美,蕴含了对美好生活的向往。在创作上,瑞昌剪纸往往能突破时空限制,以人们通常不会或不敢采用的非镂空剪纸手法造成时而模糊时而清晰的艺术效果,显现出含蓄、隐秀的神韵和朦胧、神秘的意味。

　　瑞昌剪纸主要在农村妇女中传承,以家传方式沿袭至今,较为完整地保留了古老民间传统剪纸的原汁原味,体现出独特的历史和民间艺术研究价值。2008年,瑞昌剪纸被列入第二批国家级非物质文化遗产名录。

瑞昌剪纸

星子金星砚

　　金星砚又名金星宋砚,以主产地在庐山市横塘镇驼岭山下的金星石为原料。相传第一方金星砚出自东晋陶渊明之手,北宋米芾《砚史》中亦有

金星砚"渊明赏菊砚" 曹春水/现代

星子青石砚的记载。明代星子县(今庐山市)的石砚制作一度衰落,至清代中叶又渐中兴。民国时星子县境内有制砚作坊百余家,所产金星砚曾两度参加国际性展览并获奖。

中华人民共和国成立后,星子县先后建立了两家专业砚厂,更新设计样式,改造制砚工艺,金星砚生产得以高速发展。20世纪80年代以来,金星砚频频在全国展览、评比中获奖,产品远销海外。

金星砚原料金星石又称宋石,石质坚韧细腻,温润莹洁,纹理致密,色彩和纹理具有自然美,制成砚后发墨极快,且储水不涸,久磨无粉,磨出的墨富有光泽。

金星砚从开始生产到制作完成共有开采、选料、制坯、雕刻、打磨抛光五道程序。传统金星砚的造型与图饰因取材于当地物产、山水和人文传说而极具地域性色彩,风格古朴大方,简略写意,是中国民间艺术中的瑰宝。2006年,金星砚制作技艺入选第一批国家级非物质文化遗产名录。

后记

自从 1999 年任教九江学院以来,我在长江之滨庐山之麓,度过了 20 多载的教学和科研时光,不知不觉中已积累了十几部专著。回首其间,五味杂陈,一言难尽,却也自有一种乐趣,让人痴迷其中。写作《浔阳文化》,自然少不了"动心忍性",可用"三心"描述之。

一曰接受任务之时的"欣然之心"。游道勤先生向我约稿,我欣然接受。何也?在辉煌灿烂的江西文化中,称得上是"符号"的文化,必定是流传久远、泽被后世,有益于江西、中国乃至全世界的文化。记录九江文化符号,可以光大前贤之事业,提升自己的生命价值,何乐而不为?因此承担任务之时,颇有"欣然之心"。

二曰撰写书稿之时的"愧谢之心"。开始动笔时,始觉得此书撰写难度之巨,常常数日难着一字。往日写书,意之所至，略无阻碍，然而写作"文化符号"却不能如此。其选点必须精到，评价必须精准，用笔必须精粹。而做到这三个"精"，又谈何容易！一要兼采众长而精心剪裁之；二要包罗广泛且别出心裁，于前人不甚关注处用力，以不负历代先人的创造之功。然而独立思考既多，则难保精到，不免时时唐突先贤，由此愧疚之心常常萦绕于怀，徒增许多压力。

　　三曰完成书稿之后的"无名之心"。我乃一介书生，在众多先贤面前，更是无名小辈，本无意于求名，又岂敢求名？以往每写一本书，都如一次长途跋涉，写作此书更是如此。时而前行，时而折返，时而曲径通幽，时而山横水隔。上下求索的目的在于为先贤扬名，为九江及江西文化扬名，力有未逮而心已至，如此而已。能为先贤增添光彩，则自己如萤火自照，甘心无名；不能为先贤增添光彩，则自己愧疚已甚，只求无名。

本书写作过程中，参阅了许多史志资料和专家成果，游道勤先生和审稿专家的殷殷灼见，让我受益匪浅。书临付梓，还要感谢出版社编辑朋友们不辞辛劳，感谢江西画报社不吝赐图。正是有各方的支持和帮助，才令本书得以行世，在此谨致谢忱。

本人识见有限，书中讹误难免，敬请方家批评指正。

吴国富

2022 年 10 月于九江学院

图书在版编目（CIP）数据

浔阳文化/吴国富著. -- 南昌：江西人民出版社：
江西美术出版社，2023.3
（江西文化符号丛书）
ISBN 978-7-210-14571-4

Ⅰ.①浔… Ⅱ.①吴… Ⅲ.①地方文化—九江
Ⅳ.① G127.563

中国国家版本馆 CIP 数据核字（2023）第 021393 号

出 品 人	张德意
项目统筹	梁　菁
责任编辑	魏如祥
数字编辑	刘　莉
责任印制	潘　璐
书籍设计	梅家强　林思同　先锋設計
新媒体制作	江西中文传媒数字出版有限公司

江西文化符号丛书
浔│阳│文│化

JIANGXI WENHUA FUHAO CONGSHU
XUNYANG WENHUA

著　者：	吴国富
出　版：	江西人民出版社　江西美术出版社
地　址：	南昌市三经路 47 号附 1 号
邮　编：	330006
电　话：	0791-86898825
网　址：	www.jxpph.com
经　销：	全国新华书店
印　刷：	浙江海虹彩色印务有限公司
版　次：	2023 年 3 月第 1 版
印　次：	2023 年 3 月第 1 次印刷
开　本：	710 mm×1000 mm　1/16
印　张：	11.5

ISBN 978-7-210-14571-4
定　价：58.00 元

本书由江西人民出版社、江西美术出版社出版。未经出版社书面许可，任何单位或个人不得以任何方式抄袭、复制或节录本书的任何部分。（版权所有，侵权必究）
赣版权登字 -01-2023-21